NO REINO DE EXU

A RETIFICAÇÃO DO DESTINO

Norberto Peixoto

3ª edição / Porto Alegre-RS / 2022

Capa e projeto gráfico: Marco Cena
Revisão: Marcio Coelho
Produção editorial: Jorge Meura e Maitê Cena
Assessoramento gráfico: André Luis Alt

Dados Internacionais de Catalogação na Publicação (CIP)

P379r Peixoto, Norberto
No reino de Exu: a retificação do destino. / Norberto Peixoto. – 3ed – Porto Alegre: BesouroBox, 2022.
160 p. ; 16 x 23 cm

ISBN: 978-85-5527-091-8

1. Religião. 2. Umbanda. 3. Obras psicografadas. I. Título.

CDU 299.6

Bibliotecária responsável Kátia Rosi Possobon CRB10/1782

Direitos de Publicação: © 2022 Edições BesouroBox Ltda.
Copyright © Norberto Peixoto, 2022.

Todos os direitos desta edição reservados à
Edições BesouroBox Ltda.
Rua Brito Peixoto, 224 - CEP: 91030-400
Passo D'Areia - Porto Alegre - RS
Fone: (51) 3337.5620
www.legiaopublicacoes.com.br

Impresso no Brasil
Setembro de 2022

Sumário

Palavras iniciais 7

PARTE 1

Exu Calunguinha 11

Calunguinha, ao seu dispor! 13

Os primeiros estágios após a morte 17

As zonas purgatoriais 23

Tronqueira fechada 26

Entrevista com Exu Calunguinha 30

PARTE 2

Exu João Caveira 47

A legião de Exus Caveira 49

O feitiço virou contra o feiticeiro 55

Recepção na Calunga Pequena 58

Uma filha da corrente é atendida 62
Entrevista com Exu João Caveira 66

PARTE 3
Exu Pedra Negra 81
Acordei no Vale das Pedras 83
Finalmente, o sono dos justos 89
Preparo na Escola de Guardiões 94
Corre gira, tem sessão no terreiro 99
Entrevista com Exu Pedra Negra 104

PARTE 4
Exu Morcego 125
A queda do Pai de Segredo 127
A dependência do sangue 133
A escravidão aos feiticeiros 138
O fim do vampirismo espiritual 143
Entrevista com Exu Morcego 148

Conclusão 157

Palavras iniciais

Não é fácil psicografar um livro com um espírito. Quando me deparei com o desafio de escrever esta obra com quatro Exus que viriam contar suas histórias, confesso que fiquei surpreso. Um livro se escreve uma palavra de cada vez, letra por letra. Fui orientado a deixar fluir, soltando-me e permitindo que cada amigo espiritual trouxesse sua mensagem. Os espíritos não "tomam" o meu braço e saem a escrever.

A comunicação mediúnica supraconsciente nunca será limitada à mera expressão verbal, seja oral ou escrita. Existem tantas intuições profundas, que jorram feito cachoeira num manancial criativo inenarrável, quando estamos ligados mentalmente a um mestre espiritual, seja Caboclo, Preto Velho, Exu, Oriental... Enfim, a forma de apresentação da entidade astralizada é o que menos importa.

Receber uma mensagem dos espíritos guias e transportá-la para a escrita exige a exaltação psíquica a um estado alterado de consciência, a conexão do eu inferior com o superior, alcançando um grau de percepção que transcende os sentidos ordinários do corpo físico e a partir daí "sofrer" a atuação de uma inteligência externa, outra consciência, uma mente extracorpórea.

A partir deste estado de elevação, consigo sintonizar mente a mente com os amigos espirituais. O processo é complexo para ser descrito, contempla uma ação contínua de atuação do lado de lá, o que me permite os estados de desdobramentos conscientes, ocasiões que tenho clarividência e clariaudiência. Estes desprendimentos são naturais e também ocorrem no sono físico durante a recepção dos livros.

Quando sento para escrever, jorram as ideias e os pensamentos se aceleram. Minha mente fica em harmonia com a dos espíritos e tento interferir minimamente no estilo peculiar de cada um. Na primeira fase de recepção, escrevo sem analisar o que estou escrevendo. Deixo vir, quanto mais rápido a mão e a caneta acompanharem os pensamentos, melhor.

Uma comunicação mediúnica verbal ou escrita nunca é inteiramente fidedigna ao teor da mensagem do espírito comunicante. Mesmo em médiuns que verdadeiramente nada se lembram do transe, raridade nos dias atuais, os conteúdos de memória que estão arquivados no seu inconsciente profundo são utilizados pelos espíritos. Sempre há, então, a contribuição da alma do médium.

A conexão mediúnica supraconsciente acontece de maneira instantânea, no nível mental superior. O conteúdo da mensagem é transmitido com uma clareza indescritível, o que jamais poderá ser traduzido totalmente com palavras do vocabulário vigente e transcrito no papel com absoluta limpidez.

As mentes comuns são cerceadas pelo intelecto, que avalia os prós e os contras de tudo que vivencia e se deixa influenciar por padrões de crenças e valores morais arraigados. Sendo assim, na primeira etapa da recepção nunca racionalizo, simplesmente tento o mais rápido possível escrever todas as ideias. Mesmo que o texto flua sem interrupções, sempre o submeto na segunda etapa, após digitá-lo, a uma criteriosa revisão.

Trazer uma mensagem do Plano Espiritual para o Plano Material é como a construção de uma casa, que primeiro se idealiza na mente. Importante que no processo de transferência da ideia para o papel não se prejudique a fidelidade da mensagem. Neste estágio, deixo me conduzir. Ao final da recepção, avalio a que ponto cheguei. Finalmente, começo a analisar o conteúdo. Afinal, o médium é responsável no plano físico pelo que publica em nome dos espíritos.

É impossível que algo de mim mesmo, como o estilo próprio de escrita, não passe para o texto final. Todavia, esforcei-me ao máximo para que durante a recepção desta obra, não interferisse no estilo peculiar do modo de pensar de cada Exu. Quando recebia as mensagens e as transpunha para o papel, sentia como se as entidades estivessem falando diretamente comigo, numa conversa coloquial, só que escutava como se suas vozes retumbassem dentro de minha cabeça.

Exu Calunguinha, na aparência de um menino branco batedor de carteira da Idade Média na Inglaterra, mostra-se sóbrio como muito homem grande não é. Bem-humorado, faz na brincadeira o que gente séria não teria coragem. Com um "português" por vezes sem uso nos dias atuais, alertava-me que o que vale são as ideias, para que eu as captasse em pensamentos e depois arrumasse do meu jeito, desde que ficassem fiéis ao que me ditara. Pequeno na aparência, grandioso na atuação, segura qualquer tronqueira e não deixa a gira cair.

Senhor João Caveira, um Exu sério, de poucas palavras e muita ação. Como genuíno Exu de Calunga (cemitério), atua em faixas vibratórias que a humanidade teme, pois a maioria age como se fosse imortal. Alto, negro, esguio e ágil, por vezes excessivamente direto e seco, transmite a confiança que sob o seu comando o que tiver que ser resolvido será – sem pestanejar um segundo, faz o que tem que ser feito.

Exu da Pedra Negra, um amigo espiritual que sempre esteve conosco, desde a fundação do terreiro Grupo de Umbanda Triângulo da Fraternidade, mas que só agora o percebi em sua grandeza inquebrantável, como rocha que não trinca. Apresenta-se como portentoso nativo andino, de tez acaboclada, cor de tijolo. Muito alto com braços grandes e mãos firmes, confidenciou-me que foi construtor de pirâmides no antigo Egito. Não tem feitiço de rua que ele não desmanche. Com força incontrolável na mecânica de incorporação, raros médiuns na atualidade são eletivos a sua atuação nos terreiros, pois não suportariam o campo de força que se forma na sua ação quebradora de feitiços.

Exu Morcego, uma narrativa emocionante, real e repleta de sentimento. Num determinado momento que estávamos escrevendo juntos, senti a emoção, como se sua garganta engasgasse ao se lembrar de algo muito antigo; sua meninice no berço da Religião Tradicional Iorubá. Nunca esquecerei o fenômeno de efeito físico que vivenciei, quando narra sua libertação do jugo de poderosa organização de feiticeiros, momento crucial que ele se reencontra com o Exu ligado a sua ancestralidade; todo o teto do terreiro crepitou, numa série de estalos como se algo vivo dentro do forro se expandisse, tal qual uma bolha de ar quente que faz um balão subir.

Não poderia deixar de expressar minha gratidão aos Exus **Tiriri Rei das Sete Encruzilhadas**, o chefe de nossa tronqueira, pelos inestimáveis serviços de cobertura espiritual. Espírito nobre, de grande saber, mago, cabalista, velhíssimo Babalaô, profundo conhecedor da alta magia africana com os Orixás, temos fortes laços de sincera amizade que nos remete à priscas eras; **Bombojira Dama da Noite**, que nunca dorme, encontra-se sempre desperta na proteção de nossa egrégora, resolvendo intermináveis "embaraços" com elegância, educação, serenidade e firmeza.

Laroiê

Exu é Mojubá.

A todos os "compadres", meu respeito incondicional.

Norberto Peixoto
01 de fevereiro de 2018.

A vasta maioria daqui está no seu inferno particular, na sua sala purgatorial, no seu recanto decantador. Habitam no reflexo de suas próprias mentes, assim como o ser hipnotizado ufana-se frente ao espelho. Acicatam-lhes as forças instintivas dos elementos afins com seus próprios modos de ser. Uns se afogam, outros se queimam, ciclanos voam na ventania, beltranos comem terra ou chafurdam na lama. Cada um no seu "reino"; reis e rainhas, príncipes e princesas na Terra, os melhores e de grande sucesso na sociedade humana.

Calunguinha, ao seu dispor!

Um menino Exu, pensando como velho espírito imortal, agindo e falando como homem calejado nas encruzilhadas e armadilhas das sombras, nos percalços do positivo e do negativo, assim como persiste em nós o axé ou o contra-axé. O primeiro é força realizadora coletiva, potência divina equilibradora e construtiva. É concretizado na vida humana pelos poderes dos Orixás. O segundo é destrutivo, ativado pelos desejos pessoais egoístas, impulso desequilibrador, atrai espíritos negativos de baixa envergadura moral. Um está em tudo que Deus construiu; o outro no que o homem procura destruir; um é altar sagrado, a própria natureza criada; o outro é a oferenda para o mal, a rogativa que deseja a morte dos oponentes.

Eu sou Calunguinha, ao seu dispor! Vou lhe ajudar.
É com esta saudação que me apresento aos atormentados no estado intermediário da existência. Entre a morte e um novo útero, longo é o caminho. Existe um mundo bem maior que a Terra. Refiro-me aos que morreram e deixaram o corpo físico para trás, mas continuam vivos – mortos mais vivos que muitos vivos mortos na matéria.

Viver ou morrer é um estado de percepção da mente. Os desistentes morrem para a realização de seus propósitos de vida em

Terra, os vitoriosos que venceram a si mesmos rompem a ilusão e despertam do lado de cá, finalmente acordam do sono letárgico e despertam para a realidade.

Você levanta de manhã e vai para o trabalho, como uma vaca para o matadouro, com o olhar esgazeado. Retorna para casa com azia e desânimo, atura a mulher, chuta a costela do cachorro, vê televisão, grita com os filhos para ouvir o futebol, toma sua cerveja, arrota e dorme exausto no sofá. Sinto muito, você morreu, meu caro. Morto, "mortinho da silva" no dia a dia, um defunto que caminha sem o caixão.

A morte é como um trocar de roupa para irmos a uma festa. Não vamos pelados a lugar nenhum, nem mesmo após atravessarmos o ataúde e sairmos do sepulcro perambulando pelo Além. Acordamos vestidos e arrumados como estávamos na Terra. O espírito nunca está só e nu, simplesmente troca a vestimenta para um novo cenário. O enredo em que o novo personagem atua permanece o mesmo. Ao voltar para o lado de cá, molda o corpo astral pela sua força mental; de acordo ao que era antes, é o que é agora. A retornar para a Terra, experimenta um novo corpo orgânico, atraído pelo encontro dos ventres dos eleitos pai e mãe, que se atritam. Estagiará no útero até ser "espirrado" para fora.

Neste meio-tempo, entre morrer no corpo velho e renascer para um novo, tantas ocorrências se dão no estado intermediário da vida humana. Sim, espírito também é humano. Todos o somos, seres humanizados. Afinal, por que estamos na Terra? Por sermos semelhantes uns aos outros. O magnetismo deste planeta nos mantém aqui. Simples assim.

A vida não se rompe e não se acaba. Cada um de nós cria seu próprio céu ou inferno. Quando morremos, plasmamos para nós a bem-aventurança ou infortúnios. Depende de cada um, como estava sendo alimentada sua consciência, continua no aqui e agora, um eterno devir. O ente passa a ser o que era antes de morrer, torna-se imediatamente aquilo que pensa.

Neste deserto de mortos-vivos do lado de cá, no influxo de retificação dos destinos, transito como andarilho inquieto, levando água aos sedentos de tanto sofrer. Aqui e acolá, tantas são as conchas, que cada um se aprisiona, o meu trabalho nunca termina. Feliz e alegre, ao bater na porta do "inferno" de cada criatura, apresento-me como um garoto de 12 anos. Quem tem medo de um Exu Menino?

Resoluto, cumpro os meus afazeres, certo de que a Providência Divina me ampara. Orixá Exu, o grande organizador do caos de nossa vida, retificou meu destino e me colocou no prumo. Se no passado, arrombava as casas para assaltar e degolava os moradores, tanto matei que hoje tenho que ressuscitá-los.

Nada está errado, tudo está certo, e vamos caminhando ao infinito. Aonde chegarei não importa. O valor está em cada momento do caminhar, em cada passo, em cada pisada. Toda vez que levanto um dementado do umbral, quebro seu inferno mental, contribuo para a reorganização do seu mundo íntimo psíquico e por ressonância mantenho a eficácia das Leis Universais, emanadas da própria Criação, dos sagrados Orixás.

Neste agir, melhoro minha própria condição. Não o faço por troca, para angariar benefícios. Realizo por que gosto e sou feliz assim. Aceitei de coração. Nada me é imposto ou obrigado. Cada um de nós tem talentos e dons inatos. Importa acertarmos a polaridade destas aptidões e usá-las positivamente, de acordo com as Leis estruturantes e mantenedoras do Cosmo físico e metafísico.

Existe o positivo e o negativo, assim como persiste em nós o axé ou o contra-axé. O primeiro é força realizadora coletiva, potência divina equilibradora e construtiva. É concretizado na vida humana pelos poderes dos Orixás. O segundo é destrutivo, ativado pelos desejos pessoais egoístas, impulso negativo desequilibrador, atrai espíritos de baixa envergadura moral. Um está em tudo que Deus construiu; o outro no que o homem procura destruir; um é altar sagrado, a própria natureza criada; o outro é a oferenda para o mal, a rogativa que deseja a morte dos oponentes.

A intenção de cada indivíduo determinará em qual extremo se

localiza, no influxo do axé ou do contra-axé. Quando seus equívocos comprometem a harmonia do coletivo, opa, é hora de o agente de retificação entrar em cena, começa nossa ação corretiva.

Como demonstrado, não entro no céu de ninguém, até porque poucos morrem e abrem as suas portas aqui. Isso ainda não é para a minha estirpe espiritual, pecaminosa, da "esquerda", dos não eleitos, dos impuros, dizem os religiosos detentores da verdade na Terra.

A vasta maioria daqui está no seu inferno particular, na sua sala purgatorial, no seu recanto decantador. Habitam no reflexo de suas próprias mentes, assim como o ser hipnotizado ufana-se frente ao espelho. Acicatam-lhes as forças instintivas dos elementos, com seus próprios modos de ser. Uns se afogam, outros queimam, ciclanos voam na ventania, beltranos comem terra ou chafurdam na lama. Cada um no seu "reino"; reis e rainhas, príncipes e princesas na Terra, os melhores e de grande sucesso na sociedade humana.

Tenho o direito de intervir na vida destes seres. Sou um Guardião Exu na Lei de Umbanda. A Justiça Divina não permite, a ninguém, com total imparcialidade, sofrer além do seu merecimento. Finda o expurgo retificativo, inicia o meu trabalho. Um menino Exu, pensando como velho espírito imortal, agindo e falando como homem calejado nas encruzilhadas e armadilhas das sombras.

Bato à porta da casa mental dos mortos,
ninguém tem medo de um menino, um Exu Mirim,
ressuscito-os da ilusão.
Omulu é o meu Pai,
Iansã, a minha Mãe.
Toc, toc, toc,
ei, você que me lê, bato na porta de sua casa mental.
Sou Calunguinha, ao seu dispor!

Calunguinha está lhe chamando,
Oh, firma a Gira que Exu vai chegar,
Bato três vezes na porta, sua dor acabou,
Calunguinha vai lhe amparar.

Os primeiros estágios após a morte

A alta plasticidade do mundo astralino responde com a força correspondente dos elementos, na mesma intensidade de reação à ação mental de seus habitantes. Criam o caos que, por influxo reorganizativo de Exu, imprime-lhes a decantação de suas negatividades e os empurra para fora de seus infernos pessoais.

Quando você morre, sua consciência entra numa dimensão sem tempo. O relógio não serve para nada. O que sobrevive e pensa não é medido e controlado pelo tique-taque dos ponteiros, não fica mais velho com o nascer do Sol a cada dia. O ser que pensa é imortal, não se atrasa ou se adianta na criação. Cada indivíduo tem o seu ritmo próprio e a pressa no aperfeiçoamento é como o carpinteiro que talha com precisão matemática a madeira, mas a peça final é sem utilidade. Você tem urgência de ser perfeito e evoluir, faz a caridade ardentemente desejando se "salvar"? Meu caro, você tá enroscado!

O móvel talhado pode ter sido feito em madeira que dá cupim e terá que ser refeito. Você renascerá, até a madeira ser boa. Se todos morressem e tivessem bons pensamentos, não haveria tantos Exus do lado de cá. A consciência ao se deslocar da cabeça de cada defunto continua ininterruptamente influenciada pelo pensar, ato inseparável, como a carroça que não anda sem o cavalo.

A mente profunda e metafísica, na periferia da percepção do estado ordinário de vigília, arquiteta os tipos de pensamentos. Se é que os zumbis ligados às máquinas em rede virtual os têm, percepção ao redor de si e com isso lidar com o outro, perseguir suas metas, planos e aspirações em sociedade. Não basta existir. Você não é um animal irracional, ao menos não deveria ser.

Reflita a respeito! A força das marés faz as ondas beijarem a areia das praias. O Eu Real, imortal, movimenta as ondas mentais até a consciência, fazendo que o pensar tome conta do ser. Os condicionamentos emocionais, os escapes da personalidade com suas escoras psíquicas que disfarçam as intenções do ego, cristalizadas em medos e recalques alimentadores dos sentimentos negativos, estabelecem a petrificação dos padrões de condutas recorrentes – o modo de ser atávico, tal qual o filhote de pardal será sempre um pardalzinho.

Preste bem atenção! O que acabei de dizer vai plasmar a forma do local em que a consciência do novo cadáver acordará deste lado. O que não foi realizado na Terra repercutirá aqui. Meu caro, você é o que é, simples assim, sem tirar nem por, seja onde estiver no eterno presente. Por isso a metáfora da pedra no provérbio, *Exu matou um pássaro ontem, com uma pedra que atirou hoje*. Entendeu? Caiu a ficha na cachola?

As primeiras impressões, quando você acordar aqui, estarão fortemente relacionadas à desintegração da energia vital acumulada durante sua estada no corpo físico emprestado. Sim, um empréstimo! Perceba que ninguém é proprietário de coisa alguma na Terra, nem dos carcomidos ossos nos cemitérios. Que tipo de vibração você atrai para si? Qual estrutura energética prepondera no seu corpo etérico? A resposta é o seu endereço do lado de cá.

A maioria é fortemente apegada às coisas materiais, aos gozos e deleites das sensações. Naturalmente, o que o espírito sente nas entranhas quando ocupa o físico vicia-o do lado de cá. Falta-lhe a fumaça quentinha do cigarro consolador de suas carências, o drinque amigo que acalma as ansiedades, a comida farta que lhe apura o paladar e sacia a fome animalesca. A palavra apimentada, o torpor das piadas risonhas, a ganância, o reconhecimento, as vitórias, os troféus sociais... Os desejos não satisfeitos, pela ausência do corpo físico, multiplicam-se por cem nas entranhas sensíveis do corpo astral descarnado.

O período de liberação das sensações do antigo corpo físico pode se prolongar ao infinito. Não existe urgência, não há pressa, não se atrasa ou se adianta aqui. O devir acompanha o espírito, sempre, sempre, sempre. O tempo é o tempo do agora, do que cada um se tornar. O que virá de encontro a si, bem-aventurança ou infortúnio, mero reflexo do que se é, nada mais.

Ao despertar, a consciência será atraída para as formas astrais afins com o seu modo de pensar, ser e sentir. A localização depende de cada um, assim como as moscas são atraídas pelas fezes e os beija-flores pelo néctar. Os apegos, gostos, aversões e simpatias, vibrantes estados d'alma, petrificados como pedregulhos na montanha do ego, serão a força motriz que movimentarão as moléculas do éter astralino e moldarão a nova casa da existência, assim como o pintor que dá a última pincelada na tela acabada. Nada se perde e tudo são afinidades, semelhança e atração no Plano Astral.

Dado que os senhores aí da Terra, em sua maioria, saem dos paletós de carne em condições precárias, os primeiros estágios após a morte são de extremo sofrer. Refiro-me ao senso comum dos homens, sem querer generalizar. Observe que numa mesma ninhada, haverá filhotes de pássaro que voarão mais fácil que outros. Nem todos sobreviverão. Ter as asas cheias de penas não garante a sobrevivência, e as asas da imaginação e vontade da mente podem "matar" o recém-nascido nestas bandas, aprisionando-o numa concha astral que ele mesmo criou. O passarinho volta para a gaiola. Não sabe voar! Falo por símbolos e metáforas em alguns momentos, para me fazer entender melhor. As formas pensamentos agem como ondas selvagens. Engolem o incauto que caiu do barquinho da frágil existência humana sem salva-vidas.

Os Senhores Regentes dos elementos planetários, no aspecto sobrenatural de seus raios de ação, estão sob irradiação na cabeça de todos nós, em potente influxo organizador das vidas que estagiam não só aqui, mas em todo lugar, sejam elas quais forem e onde estiverem. Como espelhos que refletem nosso ser interno, indivíduos afogueados, de temperamentos quentes, irascíveis e destemidos, impulsivos, controladores e dominantes, serão cercados por forças instintivas etéricas do fogo. Ficarão em locais áridos, secos, tórridos, por vezes entre brasas e fumaças nauseabundas. A palha seca incendeia rapidamente, mas a lenha não. A condensação do éter ígneo age decantando o psiquismo das mentes crepitantes, na exata necessidade particular.

Quando o indivíduo usou demais o seu poder mental, pelo intelectualismo aviltado na magia em proveito próprio, dominando os outros pelo conhecimento de mandalas e invocações, explorando os menos favorecidos, espíritos serviçais e os elementais da natureza, o poder eólico dos Orixás movimentará ventanias, raios e trovões, em conformidade ao novo morador, potente mago de outrora. Faço um alerta, cuidado com as ditas apostilas de magia. Não se compra um manual para se tornar um mago. Os velhos e adestrados Exus do lado de cá, são calejados em saber que toda a magia superior tenciona beneficiar o coletivo. Mentes egoístas viciadas em ritos magísticos, adquiridos em receitas de bolo, condicionam os elementos e se vinculam às suas forças instintivas etéricas. Descontroladas não lhes desgrudarão das auras após a morte física.

Tema controverso: a banalização dos saberes que deveriam ser transmitidos em ritos de iniciação por dentro dos terreiros umbandistas. Não justifica dizer que certos "pais de santo" não ensinam (a maioria ensina no tempo certo) para "burlarmos" uma ética e tradição com o fim de "democratizarmos" estes ensinamentos sem quaisquer pré-requisitos dos interessados, qual não seja a paga R$ dos mesmos. Existe uma iniciativa de se desconstruir o pertencimento aos terreiros e valorizar as pessoas que "ensinam" nestas ditas apostilas, uma clara exaltação ao ego individual e não ao senso coletivo, às comunidades.

Se Exu ficou dezesseis anos na Casa de Oxalá para ser consagrado o Guardião da Encruzilhada em frente à sua morada, como podem as humanas criaturas serem tão impacientes? Querem tudo rápido, de preferência sem nenhum esforço. São tantas as solicitações e ritos apostilados que, se verdadeiramente Exu fosse evocado, faltaria axé, assim como falta gás no fogão para atender muitas bocas esfomeadas. Feito o alerta, voltemos para o nosso tema.

Pessoas demasiadamente materialistas, apegadas aos bens terrenos, ambiciosas e avarentas, exploradoras de empregados e sempre levando vantagens mercantis em tudo que fazem, acumuladoras de riquezas e poupanças, ativarão a força telúrica e assim decantarão o hipnotismo às posses das moedas, forjando para si um mangue de lama pútrida, com caranguejos a pinçar os sentidos entorpecidos para a dor alheia. Há que se aguardar o tempo certo para as sementes da humildade e do perdão germinarem, tal qual o caroço do abacate enterrado brota em busca da luz solar.

Os lamurientos e vítimas do destino, que viveram reclamando e ansiando por sentirem dó de si mesmos, mentes viciadas na autocomiseração manipuladora, estarão em locais úmidos, chuvosos, gélidos e preenchidos de neblina, pisando em poças de águas rasas que emitem ecos de vozes chorosas dissimuladoras, vindas do alto-falante da consciência dos próprios novos mortos, que caminham penosos. Trouxemos algumas narrativas, reais, para demonstrar que nada se perde do lado de cá. As humanas criaturas esquecem ou ignoram completamente que são potencialmente criadoras.

A alta plasticidade do mundo astralino responde com a força correspondente dos elementos, na mesma intensidade de reação à ação mental dos seus habitantes. Criam o caos que, por influxo reorganizativo de Exu, imprime-lhes a decantação das suas negatividades e os empurra para fora de seus infernos pessoais.

Feita a purificação purgatorial, resta a retificação dos destinos. Ah tá! Isso é outra história. Continuem lendo os próximos capítulos, que não fazem parte de uma novela fantasiosa ou romance ficcional. Expomos nesta obra, como punção que extirpa o pus da ferida, um recorte da vida real, sem paixões que aprisionam ou dogmas ilusórios, tão comuns na breve estada de vocês no palco do teatro pueril das fantasias terrenas.

Seu Tranca Ruas é uma beleza eu nunca vi um Exu assim.
Seu Tranca Ruas é uma beleza, ele é madeira que não dá cupim.

As zonas purgatoriais

O ser que não aprendeu a se equilibrar na gigantesca malha da Criação Cósmica é uma criança que cai, cai, cai... As mentes perturbadas pelos remorsos isolam-se em ilhas de sofrimento imensurável. A valência do inconsciente que aflora no Plano Astral impede a visão real do ente. Turva a percepção psíquica, as nuvens pesadas da culpa e do remorso que irrompem do seu íntimo com força avassaladora.

Meu caro, o purgatório existe, é real e não tem nada a ver com uma religião da Terra. Essas zonas de dor e ranger de dentes se formam pelo somatório de infernos pessoais, como se cada um estivesse dentro de uma bola de gude guardada em um grande vidro, cheio, cheinho de bolas, cada um com sua cor particular. Os pensamentos se atraem por afinidade. Criam imensos espaços semelhantes aos "infernos", tal quais as limalhas de ferro são atraídas pelo imã e unem-se disformes, borras caídas ao chão.

Você já pensou por que estas festas de "quiumbandeiros" sempre têm muita comida? Nas regiões mais baixas das zonas purgatoriais, grandes bolhas se organizam sob o comando do poder mental dos príncipes das trevas. São cidadelas que precisam de médiuns, de fluido vital e de alimento para serem mantidas. Seus líderes, quando tomam a frente de um terreiro na superfície terrena, pouco a pouco dominam e forjam outra egrégora, relacionada a seus interesses. Seus habitantes são altamente materializados, densos e "carnais". Esse é o motivo da fome animalesca, daí a necessidade de banquetes, assados, bebidas.

As mentes perturbadas pelos remorsos isolam-se em ilhas de sofrimento imensurável. A valência do inconsciente que aflora no Plano Astral impede a visão real do ente. Turva a percepção psíquica, as nuvens pesadas da culpa e do remorso que irrompem do seu íntimo com força avassaladora. Da associação destas miríades de pequenas ilhas nasce o continente das zonas purgatoriais. É longa a purgação, em que todos os envolvidos sofrem em si o efeito de retorno dos resíduos das suas próprias ações impensadas, até que se esgote a energia vital desequilibradora que eles mesmos geraram por suas emanações mentais.

Esquecem as humanas criaturas que o pensamento é poderosa força criativa do espírito. Desligado do organismo que reduz o seu poder de realização, abrem-se as asas da imaginação e o dragão feroz do ego se prepara para voar. Ao viver a última existência apegado à gaiola de carne, pendurado nas ilusões e imantado nos deleites dos gozos sensórios, a liberdade alcançada pela morte, que originalmente foi destinada ao passaporte para voos superiores da consciência, fisga-o por associação e reflexo mental, em paisagens degeneradas e regenerativas, em que suas alucinações o compungirão a retificar seu próprio destino.

A loucura é a chicotada que faz o teimoso se render, a dureza que amolece, oportunizando paulatinamente clarões internos de discernimento. Tantos e tantos anos passaram, imerso na caverna da obscuridade de si mesmo, chega o nível adequado e justo em que o ser decantou minimamente a negatividade acumulada, efeito de causas que pulsam ainda na profundidade do espírito milenar, mas que se acalmam frente ao amor que organiza o universo.

Abençoados agentes retificadores intercedem, conduzindo o dementado desfalecido para as regiões de remissão e readmissão ao propósito maior da vida, impulso criador rumo ao melhoramento.

Pois é, meu caro leitor, dizia o Mestre:

"Vós sois deuses, podeis fazer o que faço e muito mais. Eu sou o caminho, a verdade e a vida".

Quando a consciência se alinha com o propósito da alma, se ajusta às Leis Divinas. O despertar do Cristo Interno é lento, mas a potencialidade vibra no íntimo de cada ser. Uma criança só aprende a andar após cair, levantar, cair, levantar... Até que dará os primeiros passos. O conhecimento constrói a bomba que mata populações ou a solução que salva o meio ambiente. O ser que não aprendeu a se equilibrar na gigantesca malha da Criação Cósmica é uma criança que cai, cai, cai...

Eu sou Calunguinha,
Venho te ajudar a levantar!
Vem comigo?

Cemitério é praça linda
Ninguém quer lá passear
Catacumba é casa branca
Casa de Exu morar.

Tronqueira fechada

A luz se faz num zênite, pois lá de baixo somos estrelas que descem clareando as noites das existências sofridas... Sob a firme ação do poder de reorganização de Exu, o fogo transmutador cauteriza toda a região trevosa. Antes do fogaréu higienizador, centenas de Exus Calunguinhas bateram nas portas do inferno pessoal de cada habitante prisioneiro dos magos feiticeiros.

A falange de Calunguinha é composta de muitos calunguinhas. Entenda que cada nome de entidade na Umbanda é um símbolo e agrega certas tarefas. Todas estas denominações são como certidões que atestam uma especialização. Cada falange "aloja" em suas fileiras espíritos exunizados, em maior ou menor quantidade, conforme a necessidade do número de soldados em cada tropa de executores da Lei Divina. Isso significa que somos meras consciências individualizadas, desalojadas de corpo de carne, reunidas em retificação sob a ação potente do Orixá Exu. Na tarefa de auxílio, retificamos destinos e assim retificamos a nós mesmos, tal qual ferreiro que malha em ferro quente desenvolve a musculatura.

Embora cada um de nós tenha uma história de vida, desconfiem das histórias que contam para vocês, como se todo Calunguinha, Tatá Caveira, Morcego, Capa Preta ou outros fossem um só.

No caso da Umbanda, o enfeixamento de espíritos sob a chancela de um nome simbólico tem por objetivo dificultar a identificação de nosso passado remoto, facilitando-nos a execução da tarefa redentora e retificadora. Ao assim procederem, os comandantes maiores que plasmaram a Umbanda criaram seguro mecanismo de proteção, dando uma trégua para que nos fortaleçamos até o próximo renascimento.

Em meu caso específico, sou uma entidade exunizada, ainda tenho fortes desafetos do passado. Ao me transformar num Calunguinha, entre tantos outros calunguinhas, tenho um alívio na minha conturbada existência e os meus inimigos não me localizam. Divido saberes para o bem comum, na mesma medida que os usei para o mal, na exata proporção para reencetar o poder de realização do Orixá Exu em minha próxima encarnação, auferindo a possibilidade de consecução de uma predestinação mais alvissareira em um novo corpo físico.

Também trabalho com vários médiuns, é raro um Exu só com um médium. Por vezes vários de nós descem no terreiro ao mesmo tempo. Uma incorporação em um médium pode ter vários calunguinhas atuando no Plano Astral. Não existe uma regra fixa, um modelo rígido de ação. Por isso, é uma grande besteira vocês se acharem proprietários dos espíritos e, como crianças, ficarem com ciúmes um do outro por manifestarem uma vibração com nome igual. Não incorporem o ego, o eu mesmo, isso só gera achaques de vaidade e melindres. Observe que de tempo em tempo fechamos a tronqueira, nosso ponto de força vibrado no terreiro, para fazermos uma espécie de faxina. Bem assim, limpar a casa, em verdade neste caso tem mais relação com queimar os entulhos dos porões.

O acúmulo de almas aflitas que transitam pela contraparte etérea do templo umbandista, durante certo período de sessões, estabelece sintonias com os umbrais inferiores. Cada espírito sofredor, momentaneamente "retido" nos campos de forças etéricos de proteção, é um precioso endereço vibratório. São os furúnculos que nos dão a posição no corpo, a localização de onde temos que espremer para extirpá-los, os tumores estão mais em baixo. Quando vocês fazem a descarga com Exu, fechamos a tronqueira. Ninguém entra nem sai na área correspondente ao duplo etéreo do terreiro, até a punção terminar. Na sala de cirurgias não é permitida a entrada de intrusos. Não é mesmo? Ao mesmo tempo, abre-se um portal no exato limite entre a parte de dentro e a de fora, onde se localiza o portão de entrada. É o bisturi que vai cortar fundo para extrairmos as pústulas cancerígenas na forma de bolsões das zonas infernais.

Sob a firme ação do poder de reorganização de Exu, o fogo transmutador cauteriza toda a região trevosa. Antes do fogaréu higienizador, centenas de Exus Calunguinhas bateram nas portas do inferno pessoal de cada habitante prisioneiro dos magos feiticeiros. Conseguimos liberar todos de suas conchas astrais particulares, levantando-os literalmente deste estado de hipnotismo escravizante. Feito isso, as labaredas cauterizadoras limpam toda a região trevosa. Nestas ocasiões, muitos magos feiticeiros correm como lebres no campo, esbaforidos, temerosos... Alguns conseguem escapar, a maioria é laçada pelos abnegados Boiadeiros* e conduzidos pelos Oguns de Ronda**.

Estes empedernidos feiticeiros são laçados e conduzidos ao Campo Santo***. Terão em si o potente efeito de retorno de suas próprias ações insensatas até que decantem minimamente suas negatividades. O fogo cauterizador chicoteia-lhes as profundidades psíquicas até que drenem a ira, a raiva e o ódio que sentem da criação divina e das humanas criaturas. Espíritos calejados no mal

---

* Boiadeiros: linha de Trabalho na Umbanda caracterizada por espíritos que foram boiadeiros. São Caboclos do interior, simples, exímios laçadores.

** Ogum de Ronda: entidades que se apresentam como lanceiros de Ogum, ordenando o ambiente em que atuam.

*** Campo Santo: campo de força vibracional que corresponde ao duplo etéreo dos cemitérios, preferencial para a ação dos Exus Calunga, Calunguinha, Caveira e outros.

terão repercutidos em si, o efeito de retorno de seus próprios infernos pessoais, até que alcancem condição periespiritual para serem removidos para as zonas de remissão. Fechamos a tronqueira; no em baixo, no em cima, na esquerda e na direita, atrás e na frente...

Existem verdadeiros presídios nas zonas trevosas, fortalezas inexpugnáveis sob a potência máxima do magma do centro planetário. Aí ficam até que o poder de realização do Orixá Obaluaê* os faça exaurir suas forças malévolas de pensamento. Um dia, a misericórdia divina estancará este dreno, fazendo-lhes reencarnar; aleijados, dementados... Abrigados em ventres de mães viciadas, nascerão enfraquecidos para às maldades que se acostumaram a fazer, o tempo certo de vida humana num corpo defeituoso de carne para barrarem suas ações destrutivas e, quem sabe, germinarem dentro de si novamente a semente do amor para com seus semelhantes.

Na hora da queima da pólvora, o deslocamento do éter desintegra as impurezas e construções astralinas destas regiões trevosas... A luz se faz num zênite, pois lá de baixo somos estrelas que descem clareando a noites das existências sofridas...

Exu reorganiza, equilibra, vivifica.

É o mensageiro de Oxalá, a estrela guia nas sombras das consciências afastadas do Cristo.

---

* Obaluaê: Orixá "dono" da terra, especialmente age nas suas profundidades, o magma quente no centro planetário é o seu ponto de maior força magística.

Entrevista com Exu Calunguinha

O centro de memória do cérebro perispiritual vibra nos vícios prazerosos e enlouquece pela não satisfação do desejo, na falta do cigarro consolador, da pinga amiga. Entenda que o Plano Astral é semelhante a se olhar na superfície de um lago mágico, que refletirá a personagem e o cenário com precisão matemática do que realmente somos. As máscaras caem, as dissimulações evaporam, as aparências se diluem e o verdadeiro Eu aparece com força pujante e controladora do ambiente. O destino é consequência direta das ações individuais. Não é determinismo, como se fosse um manual de uso de um eletrodoméstico qualquer. Altera-se a cada pensamento que gera um ato, um agir.

O que define nosso retorno à Terra, no tocante a esta atração ao ventre de uma mãe?

Você conhece alguém que nasceu sem a união do espermatozoide com o óvulo e sem ter uma gestação no útero? Bebê de proveta não vale. É a natureza criada que define essa atração, simples assim. Mas resposta não o satisfará, né mesmo?

Observe que um pardal não faz ninho com o sabiá.

"Espécies" de espíritos afins se atraem. O tipo de experiências que o renascimento impõe, para o melhoramento da consciência fragilizada em seu próprio equilíbrio, enquanto ser imortal definirá os pais. É o ninho que acolherá os filhotes.

Os futuros pais têm as mesmas características formadoras de seus propósitos de vidas, suas naturezas psíquicas os unem aos que renascerão como seus filhos. Os deveres e responsabilidades de esforços para seus próprios aprimoramentos de caráter os integram em espécie de linhagem espiritual reencarnatória, tal qual a rama de uma mesma videira.

No estado intermediário, entre a morte e o futuro renascimento, o espírito pode melhorar a sua condição existencial?
Pode e deve.

Nada está parado em lugar algum do universo. O eterno agora e suas infinitas possibilidades de renovação é a fruta que cai madura do pé e, se não comida, será integrará de volta ao seio da terra. A fruta caída pode virar húmus que fertiliza o solo escuro e úmido ou se transformar de semente em broto nascente que busca o ar ensolarado. Em ambos os casos nada se perdeu.

Mesmo o cidadão que apodrece nas zonas infernais, contribui para que todos nós exerçamos o amor incondicional. Eu poderia estar reencarnado aleijado em um corpo físico, sem os braços ou pernas. Agradeço o trabalho que tenho, melhorando minhas podres entranhas psíquicas e aprimorando o meu próprio renascimento no paletó de carne.

Pense que aqueles seres vis, mundanos e pecadores, podem ter lampejos de alteridade e empatia para uma coletividade ou todo existencial. Quebram a prisão e as algemas do egoísmo e contribuem para as tarefas de auxílio.

Para todo manco haverá uma escora, para todo cego uma "luneta" – uma mão que o guiará. Nunca faltará um sapato gasto para um pé com frio do lado de cá. Aos que se mostram humildes em vencer o próprio orgulho dos falsos títulos e honrarias de quando estiveram aí na Terra, sempre haverá uma vassoura usada para varrerem as ruelas nauseabundas aos quais caminhamos em amparo aos aflitos.

Eu sou feliz aqui e agora, estou vivo, vivinho no presente.

E você que me lê?

Qual o seu futuro quando adentrar a banda de cá?

Não entendi o que quer dizer "influxo de retificação do destino". Acaso é possível alterar o destino?

Sim, é possível, todo o tempo. Assim como os átomos de hidrogênio do núcleo do Sol não suportam o peso sobre eles e se fundem, causando ininterruptas reações nucleares que produzem a luz, o espírito suporta em seus corpos mediadores o peso de suas próprias ações. A busca da luz é energia liberada pelo esforço contínuo do ser, ele próprio causa geradora de todos os efeitos possíveis que vivencia. Estar na sombra de um destino sofredor é nada mais nada menos do que o efeito de retorno de suas próprias escolhas. Mudar o destino é alterar as causas geradoras. A chave está na mão de cada um de nós.

Existe o determinismo da dor e do sofrimento para melhorarmos nosso destino?

Uma maçã não cai para cima. Se você se atirar de um avião sem para quedas vai virar um patê esparramado no solo. Isto é determinismo, é ciência exata na esfera da ação física terrena. Existe uma organização perfeita que envolve todas as coisas e criaturas.

A consciência individualizada ao se afastar das normas, diretrizes e leis que regem a harmonia coletiva, naturalmente pode sofrer em si a dor, a mera ação de uma força intangível, imponderável, que a empurra de volta para a gravidade do movimento ascensional do espírito. O uso do livre-arbítrio é a mão na direção que afasta o condutor da estrada da boa viagem e o coloca em trilhas esburacadas e perigosas.

Isso dito, não conclua que Deus é punitivo. Não, não e não. Não existe pecado, nem penas. Há, sim, o afastamento do ser das Leis Organizadoras do Cosmo e o inevitável efeito de retorno.

O destino é consequência direta das ações individuais. Não é determinismo, como se fosse um manual de uso de um eletrodoméstico qualquer. Altera-se a cada pensamento que gera um ato, um agir.

Pense a respeito, não seja fruta "caindo para cima" ou patê esparramado no chão. Sua vida imortal vale muito mais.

Como equilibrar nossa vida, deixando nosso mundo íntimo psíquico em ressonância com as Leis Universais?

Se você colocar gasolina em uma fogueira ela vai queimar mais. Ao botar a mão numa chapa quente sua carne vai tostar. No Universo, o que está em baixo, tem repercussão no que está em cima, o que está em cima, faz sombra ou luz no que está em baixo, tal é a ressonância entre tudo o que existe manifesto ou imanifestado.

Quando vocês compreenderem que o agir deve ser solidário com o todo, pois o todo sempre é solidário com a parte, iniciará o alinhamento da vibração interna particular com a ressonância externa onipresente no Cosmo.

Pequenas ações egoístas, desejar o que não é seu, trapacear, mentir, orar para o mau do outro, essas picuinhas da vida cotidiana egoísta e competitiva, funciona como colocar gasolina na fogueira, o pé no braseiro.

Você sabe onde pisa? Não fique com bolhas na sola dos pés, mude suas atitudes, saiba por onde você caminha. Seja o GPS* de

---

* GPS é a sigla para Global Positioning System, que em português significa "Sistema de Posicionamento Global", e consiste numa tecnologia de localização por satélite. É um sistema de navegação a partir de um dispositivo móvel, que envia informações sobre a posição de algo em qualquer horário e em qualquer condição climática. Calunguinha parodia o fato de os motoristas e pedestres hoje se guiarem pelo GPS em seus smartphones e poucos

sua vida. Faça a diferença enquanto estiver neste corpo fugaz. Não espere!

Os Guardiões na Lei de Umbanda só agem quando finda o expurgo retificativo? Parece uma crueldade.

A Lei de Umbanda é o próprio conjunto das Leis Universais. O juiz não manda soltar o preso antes de cumprida a sentença. O médico não faz a cirurgia sem assepsia.

Não agimos motivados pelo senso comum vigente, maniqueísta, isso é do bem e aquilo é do mal. O conceito de dualismo entre esses dois princípios – o bem e o mal – foi fundado na Pérsia por Maniu Maquineu, no século III. Foi disseminada por todo o império romano. O maquineísmo das penas eternas é o cume do amedrontamento. Lá onde se arrependem os pecadores, não existem Exus com capas vermelhas e olhos ardentes em chamas, com espetos em mãos a lhes fincar as carnes tostadas.

Ao findar o tempo do expurgo retificativo, na exata medida da justiça e quando minimamente a assepsia vibratória no corpo mental do sofredor permite intervirmos, assim o fazemos.

E os casos de intercessão, como ocorrem?

É possível um Mestre Espiritual, consciência que angariou outorga divina, interceder apurando o tempo de estada do indivíduo nas zonas purgatoriais.

Quando o faz, não cessa o compromisso de o intercedido purgar o saldo restante de suas negatividades. Do lado de cá não é possível transferimos a sujeira para baixo do tapete. O sujeito, alvo da ação intercessora de uma estância superior, deve ser eletivo a uma

---

guiarem suas vidas imortais com a mesma precisão. Quem está acostumado com os Exus no mediunismo de terreiro, sabe que a irreverência e alegria são características quase comuns. Quase nunca tristes, pois existem entidades sérias e pouco falantes.

ação maior benfeitora, em favor de uma coletividade. São espíritos que já obtiveram rasgos de interesse por causas humanitárias, mesmo que titubeantes, assim como o relâmpago corta o céu no sertão e não chove. Renascerão para levar água aos sedentos com a expressa recomendação "vá e não peques mais".

O planejamento de vida dos que foram contemplados com a intercessão, "obriga-os" que voltem com uma proposta de realizações terrenas que melhorem os outros. Podem renascer como médiuns. Terão, pela imparcialidade da Lei Divina, de purgar o restante de negatividade que ainda vibram em seus corpos astrais. Em contrário, seria favorecimento, uma injustiça, o que não existe sob o influxo retificativo do Orixá Exu.

Não entendi a sua afirmação "a mente profunda age na periferia do estado de vigília". Como assim?

Um límpido lago, na superfície é translúcido e no fundo é lamacento e pútrido. Em dia ventoso produz marolas turvas e fedorentas. A mente é o fundo do lago do inconsciente de cada indivíduo. Sob os ventos tormentosos das zonas purgatoriais, emana ondas de pensamentos infectos que impactam na consciência desperta, tal qual o lodo acumula no mangue.

A mente profunda influencia permanentemente o modo de pensar em estado de vigília; o modo ordinário da consciência, seja você vivo ou morto, é o "piloto automático" do dia a dia. Manifesta-se a percepção sensorial motora voluntária na forma de padrões de comportamento; percepções repetitivas que se apropriam da rede sináptica cerebral do perispírito, assim como o cipó parasita sufoca os galhos da árvore.

Falando de maneira mais clara, a caixa d'água tem um rato morto no fundo. Ao beber a água cristalina e inodora, você será infectado. Vai um corpo d'água aí? Você garante que a sua cachola tá limpa? Não tema, beba tudo!

Fiquei confuso, o perispírito tem cérebro?
Não só o cérebro, como todos os demais órgãos. Pense o contrário, vocês daí são uma fotografia daqui. Seu corpo físico só existe porque o perispírito, este campo de força eletromagnético organizador da vida biológica, o sustenta. A humana criatura é a imagem pintada na tela, não o modelo e referência das formas retratadas pelo pintor.

É possível ficarmos presos no corpo físico após a morte? Quanto tempo podemos ficar retidos no cadáver?
É possível, quanto mais você amou as coisas do mundo e valorizou o seu lindo corpo físico, tanto mais você ficará grudado nele como carrapicho no cabelo enosado. Costumeiramente acontece ao homem comum, apaixonado e materialista.

A consciência ordinária em vida terrena se identificou radicalmente com o corpo físico transitório, confundindo o ser imortal com o ter mortal. Logo o morador se recusa a sair.

Esta situação medonha, só não é mais intensa e abrangente pela atuação de abnegados Exus Caveiras. Eles correm gira nos cemitérios e retiram os incautos inquilinos dos despojos cadavéricos. Em capítulo próprio o Senhor João Caveira aprofundará o tema.

O que esses espíritos sentem?
A percepção sensorial do corpo astral se alarga sem a barreira do corpo de carne. Em alguns casos multiplica-se por mil a capacidade senciente do espírito, levando-o a insanidade momentânea. A dor de sentir as larvas corroerem as entranhas como espinhos que rasgam a carne; os odores queimam as narinas como chumbo quente; o frio nas extremidades, nos pés e mãos, equivale a bloco de gelo glacial; os sons são cornetas estridentes que ardem nos ouvidos; a boca seca transforma-se em cacos de vidros que ferem a garganta e a visão é pasta informe de cores borradas que se confundem com lembranças recentes da Terra.

O centro de memória do cérebro perispiritual vibra nos vícios prazerosos e "enlouquece" pela não satisfação do desejo, na falta do cigarro consolador, da pinga amiga... Espedaçam-lhes o psiquismo; o choro dos familiares, a indiferença dos amigos, a dilapidação dos bens pelos herdeiros. Apegado às posses que deixou para trás, chega a hora grande que Exu dá a mão ao mendigo andrajoso, batendo na porta do seu inferno pessoal.

Alguém baterá e você abrirá, alguém disse.

Sabe quem foi?

O que são as moléculas do éter astralino?

São átomos hiperfísicos ligados entre si, nada mais.

Existem camadas eletromagnéticas no Plano Astral que estruturam seus subníveis, como camadas de uma cebola. Em conformidade ao "peso" específico do perispírito – não somos neblina diáfana nem fantasminhas impalpáveis -, quando o sujeito morre, será deslocado para uma camada vibratória que a densidade lhe seja afim. Quanto mais egoísta, mais pesada será a sua aura e maior o efeito de aglutinação das moléculas astralinas, agentes altamente responsivos à emanação psíquica de cada morto.

Entenda que o Plano Astral é semelhante a se olhar na superfície de um lago mágico, que refletirá a personagem e o cenário com precisão matemática do que realmente somos. As máscaras caem, as dissimulações evaporam, as aparências se diluem e o verdadeiro Eu aparece com força pujante e controladora do ambiente.

Exu age em potente influxo organizador de nossa vida. E o nosso livre-arbítrio?

O universo de Exu é uma malha ou rede cósmica infinita, estendida no imensurável oceano da bem-aventurança divina. Assim como as águas são de todos os peixes, o Criador destina a todas as criaturas a felicidade. Uma rede de pesca rasgada não vai ao mar. O pescador diligente a consertará. Toda vez que um indivíduo rompe um fio, por mais tênue que seja da malha organizadora de Exu, imediatamente ela se recompõe e reage num efeito de retorno na exata potência da força que a desequilibrou.

Indistintamente, todos são bafejados pelo livre-arbítrio para escolher e agir. Não existe efeito sem causa geradora e se a semeadura é livre e a colheita obrigatória, cabe a Exu retificar as ações equivocadas do jardineiro infiel às leis organizadoras do uso correto do solo. Afinal, a safra generosa é a que serve a todos. Deus concede a liberdade de semeadura e por justiça disponibiliza integralmente a colheita.

Pode nos dar exemplos de como as tais apostilas de magia são equivocadamente usadas?

Quem oferece essas apostilas a esmo, para qualquer um, estabelece ligação com quem a recebeu. Não se exime da responsabilidade pelo seu uso equivocado. Responde pelo conteúdo vendido e pelo seu uso. Fácil encher o bolso e tirar o corpo fora, atribuir ao outro que a sua intenção foi "do mal".

Todo e qualquer ser entronizado num saber que abre poderes ocultos, quem assim o entronizou é responsável por avaliar a sua capacidade ética, moral e maturidade emocional, para se garantir perante a Lei Cósmica que o novato lidará equilibrado e seguro com a arma que está lhe sendo ensinada a usar.

É ainda de inocência infantil quem terceiriza para uma entidade espiritual seu merecimento, seja qual for o pedido, delegando ao espírito decidir, como o fazem os incautos com seus pactos e promessas ofertórias para alcançarem milagres. Não, não e não. Não transfira o que é seu! O que a entidade fizer pactuado em seu nome você responderá em menor ou maior grau como se fosse outorgante de uma procuração. Não se acovarde no exercício sagrado e intransferível do seu livre-arbítrio. Cabe só a você responder pelas consequências de suas escolhas.

O indivíduo enciumado com a esposa e duvidoso de sua fidelidade compra a tal apostila de firmeza de Exu, manda carga para o síndico, provável amante da mulher em seu delírio auto-obsessivo. Ao fazer o ritual em casa, sozinho e totalmente despreparado, imprime nas rogativas sua intenção de ódio e vingança. Está feito o mingau quente que ninguém vai querer comer. Exu não responde chamamentos egoístas com sentimento de ódio e vingança e rapidamente o espírito oportunista se acosta na aura do marido pseudotraído. A inteligência do compadre aumenta-lhe a desconfiança, apropriando-se completamente de suas ideações mentais.

O novo morador do lar comerá e dormirá com o casal, auferindo-lhes todas as sensações e gozos. Ficará fartamente alimentado. Achou o céu e consegue tudo sem o menor esforço, imantado na psicosfera do esposo. Estes enroscos dão muito trabalho para nós nas sessões de Umbanda, pois chegará o momento que a convivência do intruso na família vai desarmonizar todo o lar e um dos membros procurará um terreiro ou centro espírita. Por ressonância vibratória, poderá haver doenças na família, pela baixa envergadura vibracional do amiguinho esperto. Atraímos o anjo ou o demônio pelo que desejamos para nós e, especialmente, para os outros. Oh, homens de pouco crer, quando terão a fé de um grão de mostarda?

A decantação das negatividades nas zonas purgatoriais já seria uma retificação espiritual?

Não, inhame não é cará, embora sejam parecidos. O indivíduo sofre em si, por sua própria criação mental, o efeito de retorno de suas negatividades e resíduos psíquicos. A limpeza psíquica, a decantação das negatividades, é a sala de espera para se entrar no palácio da retificação do destino. A força centrípeta (de fora para dentro) das emanações mentais criadas no Plano Astral, se voltam contra o ente, como o monstro revoltado com Frankenstein, que o deu vida.

O estágio nas zonas purgatoriais não gera novas ações retificadoras do destino, nem se vincula a execução de um plano de vida.

Tão somente depuram o psiquismo do indivíduo. Seu tônus anímico lhe é prejudicial, tal qual água poluída em vaso limpo. Não servimos um banquete em prato sujo. Você é do tipo que lava a louça após o jantar ou deixa para depois? O senso comum só quer servir-se das delícias da vida. Fazer a faxina íntima, poucos!

Como a valência do inconsciente aflora no Plano Astral e impede a visão real do ser?

O indivíduo sem o corpo físico não é diferente do mergulhador que perdeu o escafandro nas profundezas marítimas e foi amassado pela pressão das águas. Assim é o morto comum que acorda no Plano Astral. Sem a barreira de carnes, nervos, ossos e líquidos, a consciência é comprimida pela sua própria força mental inconsciente, que tem enorme validade do lado de cá.

O potencial anímico inerente ao espírito contido na encarnação se solta como represa aberta. A morte submete o consciente ao domínio do inconsciente, conforme a capacidade de cada ser de suportar. Quase sempre não é um casamento feliz. A maioria dos homens não está preparada para se olhar neste espelho de reflexivas águas profundas, ter a visão real de si mesma e manter-se lúcida. O fogo das paixões terrenas os enlouquece e bloqueia o "ama a teu próximo como a si mesmo e Deus acima de todas as coisas".

A liberdade é alcançada pela morte. Afinal, somos prisioneiros?

A liberdade de estar fora da gaiola do corpo físico não significa que o espírito é livre. O passarinho criado em cativeiro não sabe voar. Nem sempre o espírito voa, por vezes é mais fácil rastejar na lama. Se for prisioneiro do corpo físico, ao romper a barreira vibratória que o continha, continuará detento, como gato preso no roupeiro. Em essência, o espírito é livre, esteja onde estiver, assim como não se consegue deter a luz do sol em uma garrafa.

Explico.

Envolvendo o núcleo intrínseco do espírito – mônada –, formam-se os corpos mediadores (astral e mental), para que a consciência adquira aptidões divinas estagiando nas diversas dimensões ou mundos das formas. Ao desenvolver em si os apegos, ilusões, aversões e mimos do ego que controlam a consciência vígil e os pensamentos, aprisiona-se a mente às esferas inferiores da existência, tornando-se carcereira de si mesma.

O corpo astral ao soltar-se do corpo físico, ao invés de ir para cima como leve pluma; cai similarmente a pesado chumbo, para baixo, baixo, muito baixo, até a prisão na concha infernal que projeta a imaginação dos apegos e ilusões, as aversões e mimos do ego que controla o corpo mental. Imagine uma coruja gigantesca, de olhos enormes, em noite escura, cuidando ferozmente de seus filhotes que se chamam apego, mimo, aversão, gosto, deleite, gozo, prazer... A coruja é a consciência dominada pelo falso ego, caído nestas regiões inferiores.

Pode nos falar dessas regiões inferiores, de remissão e readmissão ao propósito maior da vida?
As regiões de remissão são subjacentes às zonas purgatoriais. Menos inferiores, cova rasa por assim dizer. É para lá que levamos as almas aflitas retiradas de seus buracos, seus infernos purgatoriais particulares. Nestes locais, como se fossem grandes frentes hospitalares apoiando a infantaria na guerra, os sobreviventes se adaptam a fluidos menos densos.

A remissão não quer dizer perdão dos pecados por uma divindade de fora. Cada criatura deve perdoar-se, permitir-se, amar-se, sacralizar-se. Somente assim serão readmitidas no propósito maior da vida e recomeçam na fila de espera para um próximo renascimento. Ressurreição é sair da caverna pessoal das trevas. Os defuntos continuam enterrados. Afinal o buraco já não é mais tão fundo. A cova é rasa, é mais fácil, estamos quase lá. Lázaros levantem-se e andem! Vamos andar?

Fale-nos sobre o processo de exunização. Quem é eletivo a se tornar uma entidade Exu?

Observe que todos os espíritos que atuam na Umbanda estão acostados sob as formas de apresentações legitimadoras das linhas de trabalhos: Caboclos, pretos velhos, crianças, boiadeiros, ciganos, marinheiros, Exus... Exu é a porta de passagem comum. Ao entrarmos para a Umbanda a maioria de nós se exuniza e se torna uma entidade sob a potência do Orixá Exu.

Por que a maioria e não todos? Pelo simples fato de o processo de exunização ser o degrau inicial que envolve a longa escada de aprendizado na escola umbandista. A grande maioria de espíritos caídos abarcada pela Umbanda, e os milhares que diariamente são por ela atraídos, necessita de uma experiência profunda para que modifiquem suas sombras internas. Nada melhor que mergulharem nas zonas trevosas como Exus, serem a lanterna que alumia a escuridão e ao mesmo tempo clareia a si mesmo. Uma minoria é iluminada: nossos Ancestrais Ilustres e orientadores do movimento de Umbanda. Raramente reencarnam, quando o fazem é por causa de grande interesse humanitário.

Por que o Orixá Exu é o degrau inicial?

Porque é o grande organizador da vida humana, o sublime executor do destino, o fiel guardião de Oxalá, entre tantos outros atributos divinos de Exu Orixá. Não existe efeito sem causa. Tudo no Cosmo tende a harmonia, ao equilíbrio, sob o influxo poderoso de suas leis.

Os indivíduos que por suas ações particulares desarmonizaram a organização coletiva, notadamente nos aspectos determinantes à execução dos propósitos da vida humana, prejudicada por suas ações equivocadas, são abarcados negativamente pelos efeitos desorganizadores de que eles são as causas geradoras. Naturalmente são eletivos a retificarem os danos que causaram.

Todo aquele que se utiliza de força mental por meio de magia e feitiçaria, com objetivo de ganhos pessoais, doa a quem doer, age como se jogasse uma rede contra o vento. A malha retificativa de Exu os pega, tal qual o martelo que acerta o dedo. Exunizar-se, vir a ser uma entidade com outorga de Exu Orixá, exige muito preparo e é oportunidade misericordiosa de ser luz nas trevas, levando ao mundo das sombras a bandeira luminosa de Oxalá.

Oxalá meu pai
Tem pena de nós, tem dó
Se a volta no mundo é grande
Seus poderes são maiores

Os Caboclos e Pretos Velhos também precisam da "chancela" dos nomes simbólicos?

Os Caboclos, Pais e Mães Velhas, as Crianças, enfim, todas as formas de apresentação e nomes simbólicos da Umbanda estão igualmente enfeixados sob um mesmo critério. Esta organização simbólica facilita a acomodação dos espíritos em tarefas que lhes são afins.

Pensemos que o poder de realização do Orixá Exu é o mais "terra a terra". Aproxima-se das humanas criaturas com mais intensidade. Certo que os espíritos exunizados têm maiores compromissos a retificarem, enormes resíduos de ações passadas a serem escoados, saldos a dever na balança da contabilidade cósmica que precisam ser resgatados.

Assim as frutas não caem longe do pé, a Umbanda contempla a todos igualmente. Mesmo seus comandantes no topo da sua hierarquia de luz, são luzes que se acomodam no candeeiro – adotam o seu método de organização em nomes simbólicos.

Por que alguns magos feiticeiros conseguem fugir da ação cauterizadora de Exu?

Observe que a água quando desvia do leito do rio transforma-se em lama, nada mais. Não encontra a liberdade no abraço do mar. Metaforicamente, os feiticeiros que conseguem fugir só aumentam suas desgraças pessoais. O manancial energético negativo que estão acumulando continuará a crescer, enlameando ainda mais seus escuros perispíritos.

Fogem porque assim o permitimos. Não são merecedores de nossa intercessão. Ficam alegres, julgando-se espertos e fortes. Iludidos, não percebem que as velas acesas na escuridão não fazem os cegos enxergarem. Consciências cristalizadas na ausência de luz atrofiam o nervo ótico dos olhos d'alma. Suas retinas espirituais precisam se abrir minimamente para a Luz do Altíssimo, tal qual um pequeno furo no telhado deixará a luz solar entrar.

Qual o motivo de sua aparência astral, comumente de um menino de 12 a 13 anos nas Sessões de Umbanda, transfigurar-se em um ser assustador, durante as descargas energéticas de Exu que repercutem nas limpezas e remoções das baixas zonas umbralinas?

Um menino quando bate na porta da bolha de um inferno pessoal, não causa medo e inspira confiança. Quando nos apresentamos como inofensivos jovenzinhos, indefesos, permitimos a quem vamos amparar sentir-se superior e seguro, induzindo a pensar ter o controle da situação. O socorrido precisa vir conosco por sua livre vontade, pelo seu querer, simples assim. Você vai ao encontro a algo que o atemoriza?

Quando estamos em esforço coletivo nas baixas zonas umbralinas, na esfera de ação dos feiticeiros mais vis, adaptamos a configuração perispiritual para impor respeito. Infelizmente, temos que nos fazer feios pelo fato de o belo não fazer parte destas paragens funestas. As mentes calcificadas no mal só nos enxergam assim.

Não por acaso, um Exu Caveira aparecerá como um ser esquálido e cadavérico, Exu Morcego se fará ver como um vampiro e nós, da Calunga...

Esses feiticeiros exaurem suas negatividades no Campo Santo. Por que ainda nascem em corpos físicos defeituosos?

A decantação no Campo Santo é como capinar o terreno antes do plantio. O fato de equilibrarem minimamente em si suas negatividades, apaziguando o intenso efeito de retorno que sofrem, não lhes garante um renascimento em condições normais, sem estigmas físicos, tal a deterioração de seus corpos astrais.

A força mental que utilizaram para fugir à Lei de Reencarnação expôs seus periespíritos à força telúrica do magnetismo gravitacional do planeta. Pouco a pouco, criaram um tipo disforme, com faces animalescas, extremidades patibulares... Urge sejam alocados em um novo corpo físico, que por ressonância vibratória será defeituoso. Só assim, bloqueiam-lhes a possibilidade de ação mental sob o meio que os circunda.

Depois de muitos anos alimentando-se de tônus vital das oferendas, especialmente ao "comerem" o plasma etérico do sangue, conseguiram força para não reencarnarem e, paulatinamente, carregaram uma gigantesca carga telúrica contra eles mesmos, o que seus corpos astrais não suportaram. Somente o contato com a forma humana, fará novamente que seus periespíritos voltem ao normal. Fogem como lobisomens, feras criadas pela licantropia. Não é folclore, a capacidade ou maldição caída sobre um ser humano que se transforma em um lobo.

Deu meia-noite
A lua cheia nasceu
Lá na encruzilhada
Dando a sua gargalhada
Calunguinha apareceu

"Eu Sou o Caminho, a Verdade e a Vida" disse Jesus. Não existe outra possibilidade de salvação?

Quando o Mestre assim o disse, não se referiu a uma religião única. Fez alusão ao estado de consciência crística, que já se libertou das ilusões da consciência vígil ordinária. Independente de qualquer culto religioso estabelecido na Terra, o homem só encontrará o caminho que o conduz ao passaporte cósmico de liberação do ciclo de renascimentos sucessivos na carne, quando se aproximar da verdade universal que o Cristo representa; o amor em sua mais ampla significação cósmica.

Estou aprendendo a amar.

Cada chagado que levanto das zonas infernais que caminho, levanto em minhas caídas entranhas psíquicas, escadas internas que me tirarão do abismo que eu mesmo criei.

Se muito ressuscito os mortos, é efeito de uma causa anterior assassina, pois muito matei. Quantos mandei para os "infernos", em tantas vidas renascidas e jogadas fora? Perdi a conta. Tanto quanto esfaqueava, mandava bala fumegante. Nada me detinha. Um pistoleiro solitário de boa mira tinha alto valor no nordeste brasileiro nos idos de 1800 a 1900. Assim levo a vida, retificando nos outros o que tenho que retificar em meu próprio ser.

Sou uma entidade.

Atuo sob o influxo vibratório do Orixá Exu

Sou Exu Calunguinha.

Ao seu dispor.

Acordei no Astral em uma estação socorrista de Exu Tatá Caveira ligada às baixas zonas vibratórias, onde habitam as almas aflitas. No tempo necessário, fiquei forte e recuperado como o jovem de outrora. Informaram-me que estava se formando uma nova religião no Brasil, decorrente da perseguição religiosa e da proibição dos negros e dos índios de se manifestarem pela mediunidade. Deram-me a oportunidade de trabalhar e retificar os desatinos que distorceram gravemente meu destino. Havia vaga em uma legião de Exus caveira e também eu teria um novo nome, passando a ser, simbolicamente, mais um João. Não um João qualquer, mas um João Caveira, como muitos outros, embora com uma história própria, como todos os demais.

A legião de Exus Caveira

No outro lado da vida, sofri nas mãos de todos aqueles moribundos que eu matara, preso numa bolha astral que a minha própria mente perturbada criou. Tanto tempo se passou que perdi a noção da luz, vivendo numa noite "eterna", sem estrelas no alto, só escuridão e açoites em minhas podres carnes.

Agradeço ao espírito Ramatís* pela oportunidade de contribuir com os escritos sobre Exu. Longe de querer elevá-lo, pois não perdemos tempo deste lado da vida com firulas e floreios, nem é da minha maneira de ser, não poderia deixar de registrar o quanto esse irmão mais velho, que em breve reencarnará, contribui direta e intensivamente para a higienização das zonas umbralinas do planeta, enquanto muitos, equivocadamente, o evocam no meio de mantras ensaiados, pensando em naves ascensionadas no Espaço. Do lado de cá, metemos a mão na cumbuca, para quem sabe futuramente conseguirmos minimizar um pouco as hecatombes da natureza contra o planeta, em decorrência das destrutivas ações humanas.

---

* Ramatís é entidade espiritual mentora do médium escrevente. Espírito de índole universalista. No ocidente, dedicou-se principalmente ao Espiritismo e à Umbanda.

Não poderia ser diferente a minha história, tive várias encarnações. Uma me marcou especialmente e me trouxe às faixas vibratórias de cemitério, em que atuo na Umbanda. Vim para o Brasil em uma nau portuguesa. Era um jovem príncipe nagô e fui retirado da minha nação e clã, perdendo o cetro sacerdotal que herdaria do meu pai. Cá chegando, fui misturado com escravos de outras origens e etnias africanas, o que me causou muito ódio.

Eu, um príncipe de alta ascendência étnica do Ketu, no meio da plebe, com negros nascidos fora da África numa mesma senzala! Logo me vi destituído de qualquer insígnia sacerdotal diante da mistura racial de nações e também pelo fato de ser jovem. Um africano mais velho assumiu as tarefas religiosas no interior da nossa senzala. Em vez do respeito tradicional, só fez aumentar em mim o orgulho ferido, o ódio e o ciúme.

Embora eu tenha chegado ao Brasil na Bahia, numa época posterior ao início da escravidão, ainda trabalhávamos à base de chibatadas e de grilhões. Mas já tínhamos mais tempo para praticar nossas crenças ou qualquer outra atividade nos poucos horários de folga, sem a exigência do trabalho escravo. Não fui obrigado a adorar os santos dos ricos das casas grandes, ou seja, os santos católicos, inicialmente mantendo minhas próprias crenças, culturas e tradições, ao contrário dos negros bantus que chegaram bem antes de nós, os nagôs.

A escravidão já não era tão cruel, inclusive existiam alguns grupos de pessoas brancas lutando pelo seu fim. Até os senhores de engenho começavam a usar os escravos para fazerem os serviços domésticos mais leves, como limpar a casa, cozinhar, lavar roupas e servirem-nos como mordomos. Utilizavam os negros mais idosos, que conseguiam viver até uns 40 anos de idade. Nesta época, as jovens negras mais saudáveis alimentavam os filhos dos brancos, com o abundante leite materno que jorrava dos robustos e protuberantes seios negros. Não era incomum as negrinhas serem amantes dos senhores brancos. Daí a caboclada brasileira.

Trabalhei arduamente na plantação e colheita de cacau, pois era muito forte e alto. Logo caí nas graças do patrão, dono de fazenda nos interior da Bahia, que me prometeu alforria futura se eu me tornasse capitão do mato dos escravos. Nada melhor que um crioulo parrudo para impor respeito. Sedento em obter poder cegamente rejubilou-me a vaidade o cargo, como rei ao receber a coroa.

Assim, eu, um espécime superior de negro nagô, de raiz genuína, muito antiga, ligada à confraria da elite dos caçadores da pujante cidade do Ketu, tornei-me o maior algoz do meu povo e de todas as outras nações africanas no interior da Bahia, prestando serviços para inúmeros fazendeiros escravistas. Transformei-me num hediondo ser, escravizador do meu próprio povo, torturador de minha gente, derramador do sangue de minha ancestralidade. Neguei completamente minhas origens, resfolegando diante a possibilidade de um vil reinado, agindo como uma minhoca cega que se agita no húmus de cocô de vaca.

Transformei-me num intolerante aos ritos religiosos. Não permitia que os pobres coitados os fizessem ao menos em uma rara vez por semana. Os canjerês, os locais das suas reuniões para tocarem tambor e invocar os deuses, geralmente nas encostas de morro distantes da casa grande, pequenas picadas de mato abertas a enxada e facão, eram dispersos na base de chicotadas e tiros de mosquetão.

Quando um negro escapava para o mato, não dava trégua ao fugitivo, infeliz desgraçado, até capturá-lo e trazer de volta. Eu era muito bom em rastreá-los nas grutas de pedreiras, campinas e florestas. Meu passatempo predileto era decapitá-los, deixando suas cabeças expostas para todos verem, totens em galhos de árvores para os urubus se alimentarem. Às vezes fazia oferendas em cima de formigueiros, para as vorazes saúvas rapidamente devorarem os olhos e sobrarem dois buracos horripilantes nas faces ainda com pedaços de carnes tenras.

Para um nagô, isso é a pior coisa que pode acontecer: não se aplicar o ritual do axexê a um morto. Dessa forma eles não se tornariam amoruns, habitantes do Orum – o plano espiritual em nossa crença. Então, arrancando a cabeça e deixando para os urubus ou para as formigas comerem, eu, intencionalmente, não permitiria a retirada do princípio do Orixá plantado no Ori (iniciação que assenta a divindade de cabeça no corpo).

O axexê na época era um ritual de retirada simbólica do axé do Orixá plantado na primeira iniciação, em que eram extraídos alguns fios de cabelo do topo da cabeça, em que foi feita o corte ritual, conforme a nossa religião praticava há milênios. Só assim se propiciava aos espíritos dos mortos que vivessem no Orum e, ao mesmo tempo, que pudessem ser cultuados de tempos em tempos como ancestrais ilustres.

Eu perversamente os tornava, com requintes de sadismo elaborado e crueldade extrema, espíritos presos na crosta, mendigos do além-túmulo, sem lugar adequado para existirem, contrariando suas crenças religiosas e minhas próprias convicções mais profundas, tudo pelo insano ódio que me cegara a visão espiritual. Inconscientemente procurava me vingar de tudo e de todos, por ter sido retirado violentamente de minha amada terra africana.

Ao desencarnar, assassinado a facão pelos negros escravos numa cilada no meio da plantação de cacau, tive meu corpo decapitado, os pedaços foram jogados para os cachorros e o que sobrou foi banquete para os urubus. No outro lado da vida, sofri nas mãos de todos aqueles moribundos que eu matara, preso numa bolha astral que a minha própria mente perturbada criou. Tanto tempo se passou que perdi a noção da luz, vivendo numa noite eterna sem estrelas no alto, só escuridão e açoites em minhas podres carnes.

Até o dia em que caí exaurido e chorei copiosamente, levando minhas mãos esqueléticas ao rosto carcomido, pedindo perdão ao Orixá Oxossi, Rei de Ketu e do meu clã. Nesse momento, vagarosamente uma luz se abriu. Apareceu na minha frente meu pai, que tinha ficado na África e que eu nunca mais tinha visto. Sacerdote zeloso, dedicado Babalaô – Pai de Segredo – para com a nossa comum idade, fiel e ético julgador de contendas em nossas vidas simples de plantio e caça, zeloso da nossa ancestralidade e respeitoso dos mais velhos, me abraçou calorosamente.

Estava meu pai ao lado de um enorme Exu, com um porrete em mãos ria num esgar de belos dentes brancos e olhos amarelos esfogueados saltando das ventas. Disse-me o pai amado agora chamar-se Pai João das Almas e me apresentou o seu acompanhante como um menino fiel, chamando-o carinhosamente de Exu Tatá Caveira. Assim falou-me: "Agora sou um pescador de Olurum, o Deus onipotente, que nos deu vida e não faz separação. Todos somos filhos d'Ele e irmãos de uma mesma família. Sendo filhos da mesma mãe e do mesmo pai espiritual, não pode haver diferença entre nós e a todos são dadas as mesmas oportunidades de redenção. O Deus onipotente, o Criador do Universo, nos remete ao diálogo para com todas as almas perdidas. Por sua grandeza e justiça, permitiu que um genuíno Tatá Caveira, verdadeiro Exu de Lei que reina nestas paragens infernais da pátria Brasil, me trouxesse até você para falar-te". Com suas palavras doces e sábias, ele me perguntou: "Queres ajuda daquele que acredita no que profanaste em tua última e recente vida?"

Em prantos, eu disse que sim e caí em seu colo. Acordei no Astral em uma estação socorrista de Exu Tatá Caveira ligada às baixas zonas vibratórias, em que habitam as almas aflitas. No tempo necessário, fiquei forte e recuperado como o jovem de outrora. Informaram-me que estava se formando uma nova religião no Brasil, decorrente da perseguição religiosa e da proibição dos negros e dos índios de se manifestarem pela mediunidade. Deram-me a oportunidade de trabalhar e retificar os desatinos que distorceram gravemente meu destino. Havia vaga em uma legião de Exus caveira e também eu teria um novo nome, passando a ser, simbolicamente, mais um João. Não um João qualquer, mas um João Caveira, como muitos outros, embora com uma história própria, como todos os demais.

Então, desde o início do século passado, cá estou no Astral brasileiro sob a bandeira da Divina Luz, a Umbanda. Já poderia ter reencarnado, mas pela urgência e pelo tamanho da empreitada assistencial nas zonas trevosas do orbe (que cada vez se avolumam mais nestes tempos chegados), do lado de cá vou ficando, com as bênçãos dos Orixás Exu e Omulu, do amado Pai João das Almas e do executor e retificador dos destinos nestas bandas, o fiel e incansável Tatá Caveira.

O preto por ser preto
Não merece ingratidão
O preto fica branco e o branco fica preto
Na outra encarnação
No tempo da escravidão
Como o senhor me batia
Eu chamava por Nossa Senhora, Meu Deus!
Como as pancadas doíam

Eu andava perambulando sem ter nada pra comer.
Vim pedir às Santas Almas para virem me socorrer... Foram as Almas que me ajudaram, foram as Almas que me ajudaram. Saravá, minhas Santas Almas! Viva Deus, nosso Senhor!

Moço, vou lhe apresentar, vou lhe apresentar
Um espírito de luz pra lhe ajudar (oi, moço...)
Ele é João Caveira, ele é filho de Omulu
Quem quiser falar com ele, salve, Exu!
João Caveira vem,
vem me ajudar (bis)
mironga é boa só pra quem sabe girar.
Eu corro o céu, corro a terra, corro o mar,
também corro encruzilhada e cemitério para todo mal levar.

O feitiço virou contra o feiticeiro

Invadiram a morada do além-túmulo em igualdade de insanidade e aprisionaram o espírito do feiticeiro recém-desencarnado, jogando-se como lobos vorazes sobre os restos do duplo-etéreo, cascão astral "colado" nos despojos carnais responsável por fazê-los sentir nas entranhas as agulhadas vampirizadoras.

Meu caro, você já pensou nas ruas de sua cidade sem o recolhimento do lixo? Já imaginou as praças à noite sem a guarda policial? Faça isso agora e tenha um retrato mental das regiões do astral inferior, em que o caos prepondera e momentaneamente inexiste a ação reordenadora de Exu. São assim por enquanto, pois mesmo na aparente anarquia, há um mínimo de ordem na desordem, inteligência disciplinadora do quadro caótico. Não existe o amor nestas paragens, sobra conhecimento.

Se mesmo nos extermínios raciais, ao longo da História, existiram critérios, normas e hierarquias para organizar os genocídios, aparentemente cruéis, como não haveria forças ferrenhas que se impõem onde impera o ranger de ossos? Nada foge ao controle do Senhor Absoluto do Universo. Tudo está no seu lugar. Mesmo no violão de uma corda só o músico tem que dedilhá-la para tocar. O

Divino Maestro Cósmico não perde um acorde da sinfonia, seja em harmonia, seja desafinado.

O caos é reorganizado o tempo todo. Se em épocas distintas da existência, espíritos representantes das minorias religiosas foram perseguidos e dizimados, é porque outrora estavam do lado da maioria perseguidora, de assassinos cruéis, sendo conquistadores ditatoriais de comunidades, saqueadores de templos ditos pagãos. Pela oportuna lei de afinidade, retornam para todos os ajustes retificativos, e se hoje somos devedores do livro-caixa da lei maior, amanhã seremos credores.

Os que não entendem a lei de retorno, tachando a Divindade de dura, iludem-se com o imediatismo de uma fugaz encarnação, o que é pó diante dos pétreos ditames eternos de justiça universal. Leis superiores metafísicas impõem a cada um a colheita obrigatória, pois a semeadura é livre no jardim da atemporalidade do espírito imortal. Nada se perde fora do corpo físico. Viver no caos que a força mental desequilibrada projeta no Plano Astral é oportunidade de reorganizar sua própria existência. Tudo que está organizado na Criação não se descontrola e transcende as ações equivocadas e destrutivas dos homens. O imperfeito não altera o perfeito. Ao contrário, é aperfeiçoado diante o influxo da perfeição divina. Estão sob controle, os achaques aos túmulos dos cemitérios, a vampirização fluídica e até o sequestro de espíritos por hordas de invasores nos cemitérios.

Os arrombamentos de sepulcros são consentidos pelo fato de os espíritos que estão presos nos despojos carnais não terem o merecimento de defesa. Foram ferrenhos exploradores enquanto estavam vivos na crosta. Comumente, foram sacerdotes insanos, feiticeiros da pior estirpe, mataram milhares de animais, escravizando hordas de espíritos com o escambo fluídico do plasma sanguíneo que os deixaram dependentes como viciados. Cessada as oferendas sangrentas, os escravos do lado de cá se revoltam contra o senhor escravizante e o acordam, agora fora do paletó de carne. O defunto está vivo e de olhos abertos. Antes de ser um moribundo aqui, capturava os espíritos recém-mortos nos muros e portas dos cemitérios por atos poderosos de magia, encantamentos dominadores criados no derramamento do sangue quente.

O caos é o encontro do efeito da causa geradora com o agente causador – o feitiço virou contra o feiticeiro. Há um controle invisível no visível descontrole. Invadem a morada do além-túmulo em igualdade de insanidade e aprisionaram o espírito do feiticeiro recém-desencarnado, jogando-se como lobos vorazes sobre os restos do duplo-etéreo, cascão astral "colado" nos despojos carnais responsável por fazê-los sentir nas entranhas as agulhadas vampirizadoras. Outros há que foram vendedores de drogas a jovens rapazes e moças, incitando-os a roubar suas famílias ou se prostituírem para diminuir a ânsia da abstinência gerada pela viciação.

Estes não são diferentes dos aliciadores de mulheres menores de idade, que as obrigam a cometer abortos por puro prazer sensório da exploração do sexo pago. Nada se modifica de uma hora para outra no grande teatro da existência. Alteram-se os cenários, trocam-se as roupas, mas o perfeito enredo que controla a novela das almas imperfeitas permanece inalterado, até que elas mesmas aprendam a desatar os nós que deram.

Pomba Gira não anda sozinha
Pomba Gira não anda só
Ela anda com Sete Exus, a navalha e os Sete nós
Desamarra, desamarra, desamarra, desamarra
se não vou cortar.

Recepção na Calunga Pequena

A bomba colocada no endereço vibratório tem o seu ápice de explosão quando o cascão astral, o duplo do morto, é absorvido pela vítima e as entidades que estavam grudadas neles agora estão "coladas" no pobre coitado enfeitiçado. Não é incomum, nestes casos, crises de loucura, internações psiquiátricas e todo tipo de doença oportunista que se estabelece.

Os mortos novos que chegam à Calunga Pequena – cemitério – são meus filhos. Cuido deles como o sabiá vigia os filhotes ao saírem do ninho. Os primeiros voos são os mais arriscados, tanto são os predadores. Não falta um gato esperto e manhoso de tocaia, à espreita para dar o bote no filhote suculento e indefeso. Os gatunos que habitam no entorno do grande campo de força, a Calunga, estão sempre atentos, sorrateiros, para fincarem suas presas nos duplos etéreos que ainda não se desintegraram. Fiquem sabendo que todos vocês têm um duplo que envolve o corpo físico. Este "doble" é rico de fluidos vitais, consequência do metabolismo orgânico. Dele se sustenta. Não serve como veículo da consciência e tem um tempo de vida depois da morte. Quanto mais denso e materialista foi o indivíduo, tanto será mais denso e materializado o seu duplo etéreo. Interessam aos feiticeiros os restos fluídicos que ainda não se dispersaram, os cascões astrais, arremedos de gente, cadavéricas feições humanas que se soltam do organismo putrefato. É os que os alimenta e mantém-lhes a vitalidade. É o combustível para os feitiços mais tenebrosos.

Domina esta horda de espíritos, viciados nas emanações fluídicas dos jovens cadáveres, exatamente os feiticeiros aos quais me referi; mentes diabólicas de velhos magos, conhecidos nossos, que pouco a pouco, vamos retirando de seus reinos de sombras. Nossa maior dificuldade para acelerar a limpeza do baixo umbral que enxameia os muros das Calungas Pequenas são as humanas criaturas, os vivos da Terra. Enquanto houver ebó para prejudicar, causar doença, matar o outro, haverá médiuns em sintonia com esta categoria de espírito. Infelizmente, a barganha é a imperatriz que ordena uma parcela enorme das humanas criaturas.

Ainda bem que não é tão simples um feitiço pegar. Se o fosse, já tinham acabado com o planeta, pode crer tal a quantidade de oferendas que fazem. A maioria é sem efeito algum, como uma flor de plástico, só servem para os olhos verem e, embora sem espinhos, são os estiletes afiados que rasgam os bolsos dos incautos que pagam aos charlatães. Nada mais, rosas sem odor, sem dinamismo, sem força, sem encantamento.

O ato de magia negativa, para ser bem-sucedido, deve deslocar fluidos destrutivos contra o alvo. Para tanto, requer o encantamento do duplo dos elementos ofertados. Não basta ajuntar todo o material à risca, como se faz com uma receita de bolo. São necessárias firme força mental, sólida intenção e verdadeira cobertura de espíritos do lado de cá. Nem todo ser humano tem essa capacidade, mesmo que qualquer um possa desejar o mal do outro.

Atenção! Um elemento altamente detonador da saúde, a emanação vibratória impregnada no duplo etéreo de um corpo físico em decomposição putrefata. Ao conseguirem aprisionar o duplo do cadáver e o deslocarem para o campo de força de um ebó, encantado pela intenção malévola e poderosa de um feiticeiro, por sua vez potencializado pelo animal votivo sacrificado e o sangue quente derramado, estabelece-se o mediunismo desonroso com entidade de larga envergadura mental, baixíssima condição moral e nenhum amor. É uma bomba destrutiva a qualquer humana criatura. Oxalá tenha misericórdia e nosso Pai Omulu compaixão dos invigilantes que esses feitiços pegam.

O duplo etéreo capturado do morto, precioso cascão astral, dinamizado pelo ebó, é o míssil deslocado para um endereço, pode ser uma residência, um local de trabalho, que carrega em si uma "bomba atômica". Ao se manter no ambiente etérico do alvo visado, gradativamente desarticula a coesão molecular de todo órgão vivo que está presente em seu campo de ação magnética. Por ressonância vibratória, o corpo físico sofre forte impacto e advém o desequilíbrio da sua homeostasia, desregulando as funções das glândulas endócrinas, seus plexos nervosos e chacras. O indivíduo transforma-se num zumbi, um vivo-morto sem vontade.

Nosso conto de terror não termina aqui. Espíritos dementados que acorreram vorazmente ao ebó arriado na porta do cemitério, cegos esfomeados pelo fluido vital do sangue, foram fixados por poderoso influxo mental no magnetismo original da vítima conseguido em unhas, cabelos, pelos, roupas íntimas usadas, sêmen, prurido menstrual, entre outros. Ao mesmo tempo, tudo isso se fundiu ao duplo etéreo capturado.

A bomba colocada no endereço vibratório tem o seu ápice de explosão quando o cascão astral, o duplo do morto, é absorvido pela vítima e as entidades que estavam grudadas neles agora estão "coladas" no pobre coitado enfeitiçado. Não é incomum nestes casos, crises de loucura, internações psiquiátricas e todo tipo de doença oportunista que se estabelece. A desintegração parcial da aura do indivíduo e rompimento da sua tela etérica, seu campo de força natural que protege o corpo astral contra danos externos oriundos de impactos energéticos do próprio mundo astral inferior, abre a porteira que pode levá-lo à insanidade e, em casos extremos de resíduos cármicos de existência passadas com a feitiçaria, até a morte.

Intenção somada ao poder mental em sintonia vibracional é o torpedo lançado. Conectar-se com o poder de uma entidade, sempre é bom lembrar, sem ética e caráter elevado, ausenta-se a possibilidade da ação do bem. É nesta esfera de ação que me movimento, em que se ausenta a intenção do bem e prevalece o mal.

Sei que Deus não se ausenta em nenhuma situação.
Sei que sou um agente de controle divino agindo no caos.
Sou Exu,
Sou mais um João,
Sou Caveira.

Ê, Caveira, firma seu ponto na folha da bananeira, Exu Caveira!
Quando o galo canta é madrugada,
Foi Exu na Calunga, batizado com dendê.
Rezo uma oração de traz pra frente,
Eu queimo fogo e a chama ardente aquece Exu, Ô Laroiê.
Eu ouço uma gargalhada,
É Caveira, o enviado da luz nas sombras.
É ele quem comanda o cemitério,
Catacumba tem mistério, seu feitiço tem axé. Ê Caveira!

Ê, Caveira, afirma ponto na folha da bananeira, Exu Caveira!
Na Encruzilhada, quando ele aparece,
Credo e cruz, eu rezo prece pra Exu, dono da rua.
Sinto a força deste momento,
E firmo o meu pensamento nos quatros cantos da rua.
E peço a ele que me proteja,
Onde quer que eu esteja ao longo desta caminhada.
Confio em sua ajuda verdadeira,
Ele é Exu Caveira, Senhor das Calungas. Ê Caveira !
Ê, Caveira, afirma ponto na folha da bananeira, Exu Caveira!

Uma filha da corrente é atendida

O tabaco ao ser mastigado e cuspido liberou seus princípios ativos físicos e químicos que ficaram em suspensão concentrados na saliva. Daí foram dispersos ao serem macerados na água que, usada na lavagem da perna da médium atendida, serviu como eficaz "detonadora" dos miasmas e vibriões astrais que estavam impregnando a contraparte etérica da sua perna. Por um efeito de repercussão vibratória da energia deletéria do obsessor que estava com ela, causava a vermelhidão e a dor.

As sutilezas para impedir um médium de comparecer à sessão pública são muitas. Segue a narrativa, registrada pelo autor, de um atendimento com o Exu João Caveira incorporado.

Não faz muito tempo, uma das médiuns repentinamente começa a sentir uma dor intensa na perna esquerda, casualmente numa sexta-feira, dia que ocorrem nossos atendimentos de passes e consultas, havendo grande movimentação de consulentes. Esta médium falta para ir ao médico, pois não suportou a dor a ponto de não conseguir pisar no chão. Fez vários exames pela medicina terrena e nada de anormal descobriram, ficando sem um diagnóstico conclusivo. E a dor continua um pouco mais branda nos dias seguintes de sua ausência no terreiro.

No dia da próxima sessão, telefona para a secretaria e diz que a dor voltou a aumentar e vai ter que ir novamente ao médico. Quando me deram o recado, estava trocando os elementos do congá, senti uma fisgada na minha perna esquerda e me entrou um pensamento que não era meu, mas que não identifiquei de qual guia, sendo isto de menos importância naquele momento, mas que senti com certeza era de um dos Exus da casa: "Será que esta danada não vai entender que tem coisa aí? Ela tem que vir com dor e tudo. Não diga nada à médium, que precisa se dar conta da situação por seu esforço e merecimento para seu próprio aprendizado mediúnico». E chegando a hora da sessão, a médium aparece mancando. Nada falei.

No ritual de abertura, durante a incorporação dos médiuns da corrente, eu já estava vibrado no chacra coronário com Caboclo Ventania. De repente ele se afasta de minha sensibilidade e dá passagem do seu aparelho para o Exu João Caveira, fiel e laborioso compadre, que sutilmente se apropria do meu psiquismo, sendo que não houve nenhuma exteriorização visível à corrente de médiuns para que pudessem perceber a diferença. A intenção foi chamar o menos possível da atenção e não dispersar a concentração, porque estávamos com aproximadamente 180 pessoas aguardando para serem atendidas.

Rapidamente, Exu João Caveira orienta que continuem o ritual, chama a filha na tronqueira – local reservado, interno, de firmeza desta vibração de Exu dentro do templo, atrás do congá –, pede um charuto e um alguidar (vasilhame de argila) com água. Acende o charuto, mastiga-o e cospe o sumo no alguidar. Ficou uma espécie de lavagem escurecida pelo fumo mastigado, na verdade um tipo de maceração. Ato contínuo, a médium está a postos com a perna dolorida na frente da tronqueira. Aí lava sua perna, mandando-a imediatamente trabalhar e dar consulta normalmente, dizendo que a dor iria passar e que não tinha tempo para maiores palavreados. Recomendou que ela viesse na segunda para um atendimento individual e orientação adequada.

Na segunda-feira, na hora do atendimento da médium, manifesta-se novamente Exu João Caveira, pede duas moedas e começa a bater uma na outra. Este som serve de chamariz para o espírito do pé gigante que está pedindo esmola. Hipnotizado, encontra-se grudado na médium, que por ressonância sente a dor na perna, já que o espírito desencarnou com um tipo de trombose por embolia, que se espalhou pela perna entupindo gradativamente os vasos sanguíneos, inchando muito o pé esquerdo, impedindo-o de andar. Isso serviu para que ele pedisse esmolas e sobrevivesse enquanto estava vivo. Esse sofredor foi encaminhado para a linha de Omulu no astral, Orixá de cura, para os devidos esclarecimentos e cuidados.

Pergunta então senhor João Caveira: "Filha, o que acha de pedir esmola e o que você faz com este monte de moedas guardadas em casa?" A médium diz que tem horror de pedir esmolas e se lembra que tem uma panela velha cheia de moedas antigas no seu quarto e que sempre solicita aos seus parentes moedas para guardar, desde há muito tempo, pois tem o hábito de guardá-las para apreciar, como um tipo de coleção preciosa.

Exu João Caveira explicou: "Minha filha, as moedas são movimento, troca, bonança, progresso. Ao deixá-las paradas numa panela esquecida, só para o seu deleite enquanto são de sua posse, o que não significa poupança, impregnaram-se vibrações de avareza e cobiça, que podem atrair espíritos em mesma faixa de sintonia mental, atração potencializada nos processos de indução obsessiva arquitetados pelos inimigos do terreiro objetivando tirá-los de suas vindas ao trabalho mediúnico. Vocês devem vigiar suas afinidades, manias, cacoetes. A ligação mediúnica é sutil e se dá de forma que não se percebe, às vezes naquilo que é o mais comum na conduta diária. Na maioria dos casos a psicologia para alijar os médiuns é inteligente e certeira".

Cabe o esclarecimento do motivo de as entidades usarem o fumo. Claro está que as folhas da planta chamada tabaco, enroladas e picotadas formando o charuto, absorvem e comprimem uma grande quantidade de fluido vital telúrico enquanto estão em crescimento, cujo poder magnético é liberado pelas golfadas de fumaça quando usados pelas entidades. Essa fumaça libera princípios ativos altamente benfeitores, desagregando as partículas densas do ambiente. O tabaco, ao ser mastigado e cuspido pelo Exu João Caveira enquanto estava vibrado no psiquismo do médium, que aos olhos mais zelosos do purismo doutrinário vigente em muitos centros pode parecer um absurdo ou maneirismo indisciplinado dos umbandistas, na verdade liberou seus princípios ativos físicos e químicos que ficaram em suspensão concentrados na saliva e daí foram dispersos ao serem macerados na água que, quando usada na lavagem da perna da médium atendida, serviu como eficaz detonadora dos miasmas e vibriões astrais que estavam impregnando a contraparte etérica da sua perna e por um efeito de repercussão vibratória da energia deletéria do obsessor que estava com ela, causando vermelhidão e dor.

E quanto à panela velha? Tinha catorze quilos de moedas, das mais antigas às atuais. Foi trazida para o terreiro para ser desmagnetizada, dado que estava servindo como um tipo de amuleto para fixação de espíritos sofredores pedintes de esmolas. As moedas foram lavadas com arruda e guiné, renovando-as na imantação com estas folhas na vibração de Oxossi, Orixá regente de nosso congá. Posteriormente as moedas foram alojadas em local propiciatório para geração de axé para a prosperidade e abundância do terreiro, cujo local não temos autorização de dizer. É o segredo para a magia de Exu não perder o encanto.

Iah, ah, ah, ah
Exu João Caveira
Vem das matas da Guiné
Chegou nesta Seara
Prá salvar filhos de fé
Ele vem chegando
Prá trabalhar
Saravá meu pai
Saravá

Entrevista com Exu João Caveira

Pensei que se tivesse sido menos materialista e não tão narcisista, pois idolatrava meu belo corpo de ébano, um espécime portentoso de negro nagô, tenho certeza que teria sofrido menos após minha morte e facilitado o deslocamento de minha consciência para o verdadeiro corpo espiritual, perene e sede da alma imortal. O Corpo Astral é potencialmente senciente. Imagine que cada poro de sua pele seja olho, ouvido, nariz, boca e coração, tudo junto se fazendo perceber psiquicamente como um sentido só.

Os Exus Caveiras são violentos?

Um edifício foi invadido e os apartamentos estão todos ocupados. A justiça toma as medidas legais para desocupá-los. Quando os invasores se recusam a sair, a força é aplicada na exata medida para se cumprir a sentença. Indivíduos violentos que atacarem os agentes da lei serão neutralizados com ações de contenção. O mandato judicial é cumprido reestabelecendo a harmonia coletiva.

Na ação reordenadora dos executores da Lei Divina, os elementos planetários respondem com intensidade na exata medida para repor tudo no seu devido e justo lugar. Deus assim o permite e o Seus Enviados Maiores, enviados dos Orixás e Senhores Regentes das forças da natureza agem. Sob seu influxo, todas as entidades agem sem pestanejar. Um vulcão em erupção, ordem divina em movimento.

Posso ser um guardião da humanidade e contribuir na reconstrução extrafísica do planeta?

Isso não é brincadeira de blocos de montar para entreter crianças, que se não der certo basta desmontar cada pedaço de plástico interligado e reconstruir. Vocês não conseguem amar o próximo de carne e osso, bem aí do lado de cada um e desejam ser santos enviados para todos os admirarem. Nada no universo está fora de Controle Divino e cada entidade viva deve se ater ao campo de ação de sua esfera de vida. Vivam sonhos que possam ser construídos e não sejam meras cinzas aos ventos que ninguém consegue juntar. Mesmo que a muda do carvalho esteja destinada a ser árvore frondosa, nada acontece sem o tempo adequado de maturação, do átomo ao arcanjo, da ameba à galáxia. Uma semente que ainda não germinou não faz sombra. Se assim o é, não sabe o que é a luz do Sol. Como ser agente da luz, se ainda não a recebeu? Exu age nas sombras, pois já recebeu a luz.

Em sua narrativa de história de vida, o que mais contribuiu para o senhor exunizar-se?

Afastei-me das Leis Ordenadoras das existências das entidades vivas, sejam encarnadas ou não. Fui um grande pecador contrariando a Vontade Divina. Com arrogância e presunção, desarrumei destinos, matei seres humanos inocentes. Minha sede de poder criou uma espada de Dâmocles* presa no alto de minha cabeça, suspensa

---

* João Caveira refere-se a uma anedota moral da antiga Grécia, demonstrando um saber adquirido em uma provável encarnação anterior na cultura grega. Dâmocles era um cortesão bastante bajulador na corte do tirano Dionísio, de Siracusa. Ele dizia que, como um grande homem de poder e autoridade, Dionísio era verdadeiramente afortunado. Dionísio ofereceu-se para trocar de lugar com ele por um dia, para que também pudesse

sob um tênue fio. A cada pescoço que decepava, o fio ficava mais fino, como teia de aranha solitária e desnutrida. Diz um ditado nagô que a união de teias de aranha mata um leão. Eu estava fazendo exatamente o contrário, enfraquecendo o fio do meu destino e fortalecendo o leão da retificação que me devoraria.

Hoje tenho a oportunidade de arrumar o que baguncei, como moleque de castigo no quarto para botar tudo no lugar. Ao mesmo tempo em que ajo aplicando a Lei Reorganizadora de Exu, retificando os destinos das almas violentas e pecaminosas, retifico-me. Mas minha ação e de qualquer outro exunizado não é mera matemática de ação e reação, causa e efeito. O maior aprendizado é "amar ao próximo como a ti mesmo", o afim curando o afim; semelhante é o remédio para o enfermo. O que é a ação retificadora de Exu? Amor de Deus em ação.

Os Canjerês, locais para culto religioso em que se tocavam tambor e invocavam-se os Orixás, eram frequentados somente por negros?

No início, sim. Era uma válvula de escape para todos nós, como soltar o ar do balão para não estourar. Aliviávamos o psiquismo sofrido nos transes ao luar sob o rufar dos tambores. Nesses momentos sagrados, a distância sumia e retornávamos para a nossa amada África, voltávamos a sermos reis e rainhas, príncipes e

---

sentir o gosto de toda essa sorte, sendo servido em ouro, prata e das melhores comidas, por garotas de extraordinária beleza. No meio de todo o luxo, Dionísio ordenou que uma espada fosse pendurada sobre o pescoço de Dâmocles, presa apenas por um fio de rabo de cavalo. Ao ver a espada afiada suspensa diretamente sobre sua cabeça, Dâmocles perdeu o interesse pela excelente comida e pelas belas garotas e abdicou de seu posto, dizendo que não queria mais ser tão afortunado. A espada de Dâmocles é uma alusão frequentemente usada para remeter a esse conto, representando a insegurança daqueles com grande poder (devido à possibilidade de o poder ser tomado de volta de repente) ou, mais genericamente, a qualquer sentimento de danação iminente.

princesas, caçadores, guerreiros, juízes poderosos. Ao ouvirmos as instruções dos Orixás em terra, robustecia em nós as esperanças, renasciam as forças das entranhas magras pelo extenso trabalho braçal sob condições aviltantes. Na época as divindades abriam os olhos e falavam, ao contrário de hoje em dia, em que estão seus cavalos – médiuns – estão muito preocupados em não desarrumar uma pluma sequer de suas roupas.

Com o passar do tempo, os Canjerês atraíram a atenção dos homens brancos. Achegavam-se em busca da eficaz magia africana, motivados por interesses de mera troca, sob a ameaça de se acabar com a festa religiosa dos negros. Se os santos não atendessem, não haveria mais tambor nem folga. A banalização do saber ancestral dos velhos e sábios Babalaôs começou muito antes da libertação dos escravos e das macumbas dos morros cariocas. Nasceu com a permissividade do negro na senzala, em ser obrigado a atender aos pedidos de feitiçaria dos homens brancos.

Assim sobreviveram. Afinal, quem passa fome facilmente rouba fruta na quitanda ou no quintal do vizinho. Os Orixás atenderam, prevendo que no futuro a preservação do saber ancestral saciaria a fome de muitos. Deram algumas frutas e salvaram uma árvore pequena que se tornou grandiosa.

Qual a sua opinião sobre as iniciações que colocam sangue na cabeça dos devotos para plantar a essência do Orixá?
O elemento em si não define o caráter de quem o usa. Já presenciei cavalo na Umbanda em festa de Preto Velho botando o nome do inimigo na feijoada. Fato é que existem sacerdotes que utilizam o referido magnetismo animal, conseguidos nos cortes rituais, que não são do mal. A sacralização da comida comunal é mais indicada do que adquirir os retalhos de carne nos açougues, no aspecto de vibração do elemento. Não estou aqui a defender este ou aquele, nem a exaltar os ânimos sejam de quem for. Não sou juiz de ninguém. Mas indagado, é meu dever afirmar que há que se ter muito cuidado

com as generalizações. Deus não olha o elemento da oferenda, mas a intenção do devoto que a ofertou. Quaisquer elementos oferecidos com fé verdadeira e sincera são recebidos pelo Alto. Tudo o que existe é parte integrante de Deus.

A dependência do sangue sacralizado é muito antiga e vai sendo mudada aos poucos. Nada no ciclo de renascimentos humanos dá saltos como sapo em beira do banhado caçando mosquitos. Na evolução, mais fácil um mendigo desnutrido carregar o Himalaia nas costas do que o sacerdote fiel de uma religião mudar um dogma. Existem espíritos em tal estado de degradação em seus corpos astrais que, somente pelo contato fluídico do magnetismo próprio do sangue, ele conseguirá se regenerar.

Que espíritos seriam estes? São muitos os exemplos, mas é oportuno falar dos espíritos que habitam os matadouros, os mesmos abatedouros que retalham as carnes que os umbandistas colocam nas feijoadas de pretos velhos e comem, sentindo-se superiores aos irmãos candomblecistas que fazem as comidas nos seus terreiros. Esses espíritos estão deformados em seus corpos perispirituais. Nos Candomblés sérios, que respeitam o indivíduo e seus adeptos se esforçam para o bem comum da coletividade, são socorridos entre as ladainhas dos ebós.

Quando agimos e precisamos nos ancorar numa egrégora terrena, não olhamos o nome da agremiação. Executamos a tarefa retificativa, nada mais. Quando os filhos umbandistas chegam em casa esfomeados depois de uma bela sessão de caridade e se empanturram de bife mal passado, estão comendo os fluidos dos abatedouros. Demonstrei alguns resíduos cármicos cristalizados em hábitos, que paulatinamente vão sendo escoados, entre um renascimento e outro. Não me importo se vocês vão dizer que isso é certo ou errado. Movo-me pela ação da Lei Divina, acima das limitadas opiniões particularizadas.

Por outro lado, há que se libertarem os vivos da terra da necessidade de matar para o intercâmbio com o Sagrado, com as suas divindades, santos e enviados. Lamentavelmente, o sangue ritual é o combustível de sacerdotes venais e sem caráter, que se utilizam da extrema volatilização energética deste elemento para obtenção de poder e controle de entidades de baixa envergadura moral, mas em geral de muito conhecimento. O plasma etérico do sangue é o suprassumo que faz com que uma certa categoria de espíritos fujam a Lei de Reencarnação.

Do lado de cá, somos orientados pelos mais elevados enviados dos Orixás, que nenhum deles precisa de qualquer tipo de mortandade para que os filhos da terra comunguem de bem-aventurança e autorrealização com eles, pois todos, enquanto centelhas divinas, estão predestinados a serem essencialmente sagrados e plenamente preenchidos por Deus. Meu respeito incondicional às diferentes devoções ao sagrado não compactua com o mau-caráter, a desorganização de vidas pelo erro e ignorância de certa classe sacerdotal.

Como pode o espírito ficar "preso" na Terra se não se fizer o ritual fúnebre de axexê?

Por crença, nada mais. Se o mental do ser está condicionado num rito e ele é despertado para uma profunda devoção, certo que sua crença pessoal se petrificará no ritual aplicado. O corpo mental determina um decreto que fica vibrando no inconsciente. Os rituais deveriam conduzir os homens a uma libertadora fé religiosa, até o momento que se tornassem dispensáveis. Havendo dependência ritual, seja ele qual for, a devoção é escravizadora e cria, no além-túmulo, um escravo do rito.

O campo áurico desse escravo é criado pelas emanações mentais, decorrentes do inconsciente profundo que vibra no decreto que tem que ter o ritual. Logo, o ser se avilta no além, sendo o que imaginar. Não foi a ausência do ritual aplicado, mas sim os seus pensamentos gerados por um sistema de crenças cristalizados no inconsciente, que plasmou seu inferno pessoal.

É possível nos relatar algumas impressões iniciais de quando o senhor acordou após ter sido assassinado?

Uma bacia com água turva não reflete adequadamente a luz do Sol. Dentro da compreensão de vocês, presos aos sentidos limitados dos órgãos físicos, tentarei me fazer entender. Posso dizer que mesmo um filme com os mais avançados recursos não mostraria com fidelidade o que vivencia uma consciência perturbada ao acordar no Plano Astral. O Corpo Astral é potencialmente senciente. Imagine que cada poro de sua pele seja um olho, ouvido, nariz, boca e coração, tudo junto se fazendo perceber psiquicamente como um sentido só.

Ao despertar fiquei preso na cena fatídica do meu assassinato. Escutava os cutelos afiados rasgando minhas carnes, cortando meus nervos e músculos, quebrando meus ossos, que estalavam como galhos pisados por um elefante. Enxerguei pedaços de meus órgãos físicos jogados ao chão e vultos escuros, capas pretas esvoaçantes, jogarem-se de encontros aos mesmos, tal qual sanguessugas grudentas de poderosas ventosas. Senti-me sugado como se me chupassem, sangue e carnes espremidas, lâminas incessantes me cortando, parecendo que eu estava sendo retalhado dentro de um moedor. Alfinetavam-me as entranhas lanças pontiagudas, dentes finos de centenas de bocas famintas a mastigar-me com ânsia. Meu nariz doía com o cheiro de carniça e o paladar de patê de fígado podre azedava-me a língua seca. Assim fiquei como um esqueleto na cova, no meu inferno pessoal, por um longo período, sabe-se lá quantos anos, até que desfaleci completamente, exausto e minguado, um cadáver vivo, pele e osso, nada mais.

Ao acordar mais uma vez, não sabia que a cena era um diabólico audiovisual, que eu mesmo criara, enlouquecendo-me por reverberar tão fortes impressões em meus sentidos psíquicos aumentados. Vi e revi entre desmaios, milhares de vezes, meu corpo físico se despedaçando e ao mesmo tempo eu estar intacto, pois minha consciência se deslocara para o corpo astral, que se mantinha íntegro e intocado. Sei hoje o quanto era identificado com o corpo físico. Confundia o ter com o ser, o mortal com o imortal. Pensei que se tivesse sido menos materialista e não tão narcisista, pois idolatrava meu belo corpo de ébano, um espécime portentoso de negro nagô, tenho certeza que teria sofrido menos após minha morte e facilitado o deslocamento de minha consciência para o verdadeiro corpo espiritual, perene e sede da alma imortal. Finamente adormeci e tive um sono reparador. Estas foram minhas primeiras impressões após ter sido assassinado violentamente.

Fale-nos um pouco de Pai João das Almas.
É um pescador de almas. Um Preto Velho do Cruzeiro das Almas. Atua no socorro às almas aflitas que estão perturbadas, não sabem que morreram e permanecem em Terra. Tira estes seres do mar da ignorância e os conduz para fora de seus estados mentais desequilibrados, dando-lhes uma trégua, alocando-os em estâncias de refazimento no Plano Astral.

O Cruzeiro das Almas é um ponto de referência nos cemitérios para que velas sejam acesas em lembrança e homenagem às pessoas que ali foram enterradas. Os devotos desejam luz às almas e que elas sejam levadas a Deus. Os pretos velhos que atuam neste campo de força são enviados divinos. Já venceram a escravidão da consciência aos sentidos do corpo físico. São espíritos que interiorizam com galhardia o "amar ao próximo como a ti mesmo". Venceram as barreiras do egoísmo em condições dificílimas na carne. São voltados para a coletividade e não têm qualquer interesse pessoal em suas existências, a não ser servir a Deus e a toda as criaturas.

Pai João das Almas é ordenança do Orixá Obaluaê no ponto de força correspondente a Calunga. Suas decisões são lei, mandatos que sigo à risca, pois a ele estou vinculado em minha esfera de ação como Exu. Existem outros pretos velhos das almas, aos quais outros Joãos como eu se vinculam.

Se o Preto Velho ama incondicionalmente, por que Pai João das Almas precisou de um Exu ao seu lado para socorrê-los nas paragens infernais ao qual o senhor estava preso?

Não foi um Exu qualquer, foi um Tata Caveira, Rei na Calunga, por sua outorga divina e amplo poder de ação. Pois é, nem o amor resolve tudo sozinho. Que seria das estrelas sem o hidrogênio? Não haveria luz. Tudo no Cosmo é união. Quem pode tudo é só Deus e se ele não fez nada sozinho na Criação, fez com Oxalá e Exu, o primeiro protótipo criado, o que resta para nós é somarmos esforços. Existem mecanismos da mediunidade ainda pouco esclarecidos. Vocês procuram saber como os espíritos se comunicam com os vivos e não se lembram de perguntar como é o mediunismo entre nós, os mortos.

Posso assim dizer que, dentro de uma hierarquia vibratória, os pretos velhos e Caboclos na Umbanda são entidades mais sutis do que os Exus que atuam nas zonas trevosas. Não entenda isto como um ser mais evoluído ou melhor do que o outro. Não nos tratamos desta maneira. Existem espíritos que assistem outros espíritos pelo intercâmbio mediúnico, "do mais em cima para o mais em baixo" e "do mais em baixo para o mais em cima".

Quando um Preto Velho tem que descer o seu padrão vibratório para interceder nas zonas mais densas, se acosta em um Exu e vai para baixo. O inverso é verdadeiro, quando um Caboclo tem que subir a esferas superiores, é assistido por um mestre de luz que não habita o Plano Astral. Há dimensões que ainda não tenho como descrever para vocês, não encontro referência no vocabulário terreno. Importa saber que os fluidos apresentam densidade. Assim como vocês não conseguem atravessar uma parede sem porta, os Exus são portais de passagens para que haja o trânsito em todas as faixas vibratórias da existência humana.

Na Umbanda sem Exu não se faz nada, diz o aforismo consagrado nos terreiros. Mergulhar amparado nas zonas trevosas por um Exu de Lei é como amarrar um pedaço de chumbo num balão. A vibração original do Preto Velho é o balão de ar, tende a subir.

Ao ser feita a escora com um Exu, absorvemos os fluidos mórbidos e protegemos o pai velho de sofrer danos em seu Corpo Astral. Eu sou o escafandro que protege o mergulhador! Na Umbanda sem Exu não se faz nada.

Qual o perfil do espírito que se exuniza?
Espíritos eletivos a participarem do processo de exunização na Umbanda são altamente devedores para com a Lei Divina. Compreenda isto como uma benção do Alto e não uma punição. Exunizar-se é ter a oportunidade de se equilibrar retificando o próprio destino. Entenda que atuar no negativo dos seres retificando seus destinos sob o influxo de poder de realização do Orixá Exu exige do espírito exunizado, o agente retificador, profundas experiências e saberes destrutivos. Um terrorista que sabe tudo de explosivos e atentados pode se tornar um exímio soldado das forças policiais, um hábil desarmador de bombas.

Agimos na negatividade dos seres ao contrário, positivando seus destinos para que sejam reencetados em seus propósitos de vida. Nossa ação é reequilibradora. Mas para isso, decantamos a negatividade acumulada agindo negativamente nos seres. Assim os reencaminhamos para que sigam novamente os ditames das Leis Divinas, ou seja, escoamos todos os efeitos residuais de ações individuais negativas. Somente depois, entregamos o ser aos mestres cármicos. Ele trabalhará em si as modificações das causas geradoras. Obterá um novo programa de vida e terá que superar suas próprias fraquezas em uma nova encarnação.

Se Exu Orixá em tudo está, como há regiões no astral inferior em que não existe sua ação reordenadora?
Exu matou um pássaro ontem, com a pedra que arremessou hoje. A sua percepção se baseia no tempo e daí sua falsa noção da ausência da ação reordenadora de Exu Orixá. Como diz o provérbio citado: Exu não age no tempo da Terra, que é ilusório. Existe um lapso temporal cósmico em que o caos e a desordem são aparentes.

As ações equivocadas dos homens são as causas geradoras desta instabilidade transitória. Momentaneamente a reação é mais forte que a ação, tal qual o impulso do elástico esticado ao máximo quando retorna ao seu estado de repouso.

Perceba que a ação de Exu Orixá é uma infinita malha cósmica. Como se fosse uma teia interminável. Você rompe um nó, desata vários laços, mas não danifica a rede, que mesmo assim permanece intacta. A unidade da rede nunca se abala e ela é reparada no exato momento que sua ação destrutiva a comprometeria. A ação reordenadora de Exu nunca se ausenta, pois o todo é muito maior que a parte, o coletivo se sobrepõe e contém o individual. Exu transporta numa peneira, o azeite de dendê que comprou no mercado. E o azeite não escorre.

Como se desfaz o pacto de sangue entre o médium sacerdote, o feiticeiro encarnado e os espíritos que a ele se vinculam pela oferta de repetidos sacrifícios?

Esquecemo-nos da Lei de Reencarnação. Oportunidade de recomeço e reaprender a caminhar, renovada infinitas vezes por amor do Criador. Muitas são as características de cada caso e é impossível elencarmos todas as possibilidades. Geralmente, espíritos acostumados a serem servidos pelo sangue dos feitiços e a servirem um sacerdote médium, por si só sofrerão gigantesco sofrimento quando este indivíduo supridor não cortar mais, pois um dia morrerá. O efeito de retorno causado pela ausência do plasma vital etérico do sangue quente repercute lhes nos perispíritos deformando suas formas originais. Podem ser engolidos pelo magnetismo telúrico do planeta e se cristalizarem, como rochas indefesas nas profundezas da terra úmida. Todo o quantum de energia que manipularam no intento de fugirem da reencarnação volta-lhes com força abrupta e multiplicada, tal qual uma lata amassada no pneu de um trator.

A misericórdia da oportunidade de recomeço de vida em um novo corpo físico é aprendizado abençoado para que expurguem suas próprias mazelas psíquicas. Podem sofrer impacto de ressonância vibratória advindo do perispírito anômalo, vindo a ter câncer de medula em idade prematura, como o mieloma múltiplo, que causa áreas de enfraquecimento dolorosas nos ossos. Qualquer osso pode ser afetado, mas a dor nos ossos da coluna, quadris e crânio é particularmente comum a esta doença. Essas alterações aumentam a chance de os ossos de sofrerem fraturas. Às vezes os ossos quebram devido a um pequeno trauma ou esforço. Inclusive não é incomum que nasçam com anomalias nas células produtoras do sangue da medula óssea, resultando numa baixa de glóbulos vermelhos, glóbulos brancos e plaquetas. Precisarão de hemodiálise e morrerão em tenra idade. Outro caminho de retificação é prestar serviço como Exu, no caso um Exu Quebra Ossos, assim como eu o faço como um mero João Caveira, entre tantos outros.

Todo Exu que ri. Ele ri, mas fala sério. Eu moro na calunga. E eu sou do cemitério.
Ah, ah, ah!

E o médium sacerdote que fazia os feitiços, quando morre, o que acontece com ele?

Que Oxalá tenha misericórdia. Algo parecido com um pedaço de suculenta carne quente jogado numa alcateia de lobos famintos. As entidades que se vincularam a ele e foram suas escravas o atacarão sedentas, famintas e dementadas, à procura do plasma vital do sangue quente. Cumprirá seu inferno pessoal, até que decante suas negatividades e a ação positiva reordenadora de Exu absorva-o em seu raio de ação.

Se a Calunga é um grande campo de força, não é instransponível. Como os espíritos conseguem entrar e capturar os duplos etéreos dos "mortos"?

Uma picada de mosquito é algo desprezível, vocês quase não notam. Elas podem ser pequenas e frágeis, mas sua capacidade de transportar e transmitir doenças causa milhões de mortes anualmente ao redor do mundo. A pele se recompõe rapidamente e quase ninguém percebe. De modo semelhante, os trabalhos magísticos nas portas e muros de cemitérios, estão "picando" a barreira de proteção que é este grande campo de força e permite a entrada de seres mortais.

O fornecimento de tônus vital pelos ebós sanguinolentos é o picador, potente e afiado, que rasga provisoriamente a malha vibratória do entorno dos cemitérios. O mais denso penetra o menos denso. Por si só isso não seria o suficiente. Pense que o gelo continua sendo água. Assim, o espírito mesmo morto no cemitério, carrega em si o que era antes de morrer. Por afinidade, será atraído pelos fluidos animais do sangue tanto quanto se condicionou a ele durante sua vida no corpo físico. É isso que o atrai, é o encanto. A Lei de Retorno age incondicionalmente e a natureza interna psíquica de cada criatura permanece inalterada após a desintegração do corpo carnal.

Afinal, como se fazem os encantamentos dos elementos ofertados e como os feitiços pegam?

As cigarras cantam para acasalar-se. O som é criador. Para o perfeito casamento do elemento físico com o seu duplo etérico no ato magístico pretendido, requer-se certa vibração sonora propiciadora para o desdobramento deste duplo. Palavras de encantamento, rezas, mantras, cantigas, associadas à firme força mental do sacerdote mago invocador, deslocam o duplo da matriz física e o encanta no éter, fazendo-o independente conquanto continue a ser energia condensada.

O direcionamento deste fluido depende da intenção do médium em conformidade com espíritos, adestrados magnetizadores. O propósito comum é atingir o endereço vibratório da vítima que eles possuem. Sem o objeto ou coisa pertencente à pessoa visada, dificilmente haverá orientação adequada para a carga maléfica, que não atingirá o alvo visado. A carga etérica conseguida pelo desdobramento do elemento ofertado é força primária, agressiva e vigorosa.

Tudo está preenchido de uma fonte de energia absoluta ou universal que pode ser chamado de fluido vital ou cósmico. As derivações deste fluido, mais ou menos denso, formam tudo o que existe e é consequência do próprio pensamento. Cada individualidade cria em torno de si, o ambiente psíquico que lhe é particular. Notadamente no Plano Astral, a mente é núcleo de forças inteligentes, gerando plasmas sutis que oferecem recursos de objetividade às figuras imaginadas, tal qual um desenho idealizado pelo arquiteto se materializasse imediatamente a sua frente.

Repito, os feiticeiros são mosquitos que se alimentam de sangue e são mortais transmissores de cargas maléficas. A vigilância no pensar é o repelente natural que cada um pode desenvolver. Assim, o maior êxito do feitiço fundamenta-se sobre a mesma lei de afinidade comum dos experimentos de física e química, a qual disciplina as relações e a propriedade dos corpos entre si. As coisas impregnam-se das emanações psíquicas geradas pelos pensamentos e consequentemente dos magnetismos pessoais de cada ser pensante, por esse motivo podem servir de endereço vibratório.

Como o duplo do cascão astral é absorvido pela vítima?
A poeira trazida pela brisa cai e deposita-se no fundo do balde d'água. O magnetismo peculiar do Corpo Astral é força atuante de fora para dentro, concentrando a sucção nos chacras, que às vezes parecem ralos que atraem resíduos impuros, ainda mais quando a vítima tem relação com o cascão astral, de modo semelhante à boca de lobo com o esgoto em dia de chuva. Como a pele que absorve o unguento, o corpo perispiritual absorve as vibrações do ambiente que lhe tocam.

Fale-nos dos resíduos cármicos de existências passadas que facilitam o feitiço pegar na vítima.
Um ferimento marca o corpo físico como cicatriz e tudo o que se faz igualmente fica "carimbado" no perispírito, o passaporte

individual para o além-túmulo. O corpo fluídico é a caixa registradora dos atos da consciência entre os renascimentos sucessivos.

Os resíduos cármicos que ainda vibram facilitam a aderência do feitiço. Estabelecem um tipo de síndrome psicopatológica que sensibiliza o corpo fluídico e, por ressonância o físico, com magias negativas feitas em passado remoto. São os indivíduos eletivos aos feitiços, pelo fato de eles mesmos em vidas passadas terem sido feiticeiros.

O senhor já foi um mago feiticeiro?
E qual entidade Exu não o foi, meu filho. Ah, ah, ah...

Comentário do médium:
João Caveira terminou o capítulo dando uma sonora gargalhada astral. Mas, afinal, por que os Exus dão risadas? A gargalhada de Exu é mais que um mantra, é uma ferramenta de trabalho. Pelo som da gargalhada, eles entram nos campos energéticos, desfazendo as energias densas, recolhendo entidades que vibram na maldade, retirando miasmas, enfim, abrindo o caminho para que outras entidades, como os pretos velhos e os Caboclos, possam dar continuidade ao trabalho espiritual.

A gargalhada também tem a função de liberar qualquer resquício de energia negativa que possa ficar impregnado no medianeiro ou no local de trabalho, fazendo, assim, a assepsia. Longe de ser um escárnio para com o consulente, a gargalhada é uma forma de vibrar na alegria, mesmo tendo que lidar constantemente com situações difíceis, tristes e inimagináveis para nós, situações essas criadas e estimuladas pelos seres humanos que não exercitam um bom caráter. Acima de tudo, Exu é feliz! E nós, quando seremos felizes em equilíbrio com as Leis Universais?

CAPÍTULO 3 Exu
Pedra Negra

Quando encontram médiuns afins, o terreiro vira para a quiumbanda, transformando-se em um circo do passado. Reis e rainhas ressuscitam, são tratados com pompas, alimentados, adulados com mimos, seus médiuns se vestem como se estivessem num baile na corte parisiense medieval. Efetivamente estes espíritos estão perdidos no tempo. Suas construções astralinas no baixo umbral lembram os castelos. Vivem em seus reinados com muitos súditos. Provisoriamente fogem à Lei de Reencarnação pelo uso aviltado do ectoplasma fornecido com intermináveis e abundantes sacrifícios animais. Esses reis, rainhas, príncipes e princesas das trevas da ignorância consciencial, são meus alvos preferenciais. Quando um Exu de fato e de direito pisa no reino deles, não fica pedra sobre pedra, podem crer.

Acordei no Vale das Pedras

Para alimentar fluidicamente nossa batalha, tivemos que sacrificar crianças e mulheres virgens aos deuses. Mas esta não era a finalidade ancestral de nossos ritos de sacralização. Por mais que fosse avisado por mensagens do mundo oculto, persistia em minha teimosia que me levava completamente à loucura obsessiva. Fui totalmente dominado pela ira e sede de vingança, fatal para meu fim como um fiel sacerdote xamã. Falhei completamente com a minha ancestralidade milenar.

Mesmo as pedras mais duras se transformam no tempo sob a ação persistente do fogo, da água ou do ar. Até a rocha mais pesada pode ser movimentada em levitação. Assim aprendi com os Ancestrais, o poder extrafísico dos espíritos em ação com um médium xamã que os invoca e, cantando alguns mantras, controla os elementos e os fluidos etéreos, provisoriamente modificando as leis físicas ordinárias.

Na época eu era um nativo andino. Habitava as matas verdejantes entre montanhas e mares. Nossas aldeias prosperavam e nos ocupávamos em caçar, plantar e coletar alimentos e pedras. Não éramos mais nômades, mas fazíamos demoradas e longínquas expedições.

Ao olhar ambicioso do colonizador, tínhamos muitas riquezas, minerais preciosos, ouro, rubis. A natureza pujante forjou há milhares de anos as pedras que admirávamos e cultuávamos como mágicas. Verdadeiros portais para as divindades. Os homens brancos que chegavam tentaram nos fazer de escravos. Cegos por cobiça de nossas terras e pedras preciosas, que não nos importávamos que levassem. Afinal, existiam montanhas e rochas que não acabavam nunca.

Nossa relação com as coisas da Terra era respeitosa, não abusiva. Só retirávamos o que necessitávamos para a sobrevivência. Oferendávamos parte de nossas comidas para repor o que extraíamos. A ganância dos invasores finalmente nos atingiu, capturaram nosso povo e queriam nos fazer de escravos. O alto da montanha trovejou e as pedras rolaram. Não seriámos escravos. Preferíamos morrer todos nós, com o grito de guerreiro na garganta, mas não nos renderíamos. Entramos em guerra.

Embora os conquistadores de fora tivessem armas mais poderosas que as nossas, o metal e a pólvora, tínhamos o conhecimento de cada trilha nas florestas, de cada folha, de cada vento. Sabíamos interpretar o som dos pássaros, a posição das nuvens, o movimento das águas. Eu, enquanto iniciado na magia dos elementais para movimentar as pedras, sabia a dureza de cada uma e a serventia para caça, cura e construções. Também era um exímio artesão lapidador de pedras. Trabalhava e fazia ferramentas para o meu povo. Ao lascar cada pedra, respeitava-as.

Na condição sacerdotal de mago iniciado, tinha noção que lidava com energias vivas, pulsantes, por vezes instintivas e primárias, que poderiam se descontrolar. As pedras estão profundamente ligadas com as profundezas da Terra. O magma as formou por erupções vulcânicas e movimentos de placas subterrâneas que se chocaram. Perder o controle magístico no manejo das pedras, similarmente seria como novamente um vulcão entrar em erupção.

Entendia e venerava estes seres divinos petrificados, que tinham força e solidez além do que os olhos físicos dos homens comuns poderiam enxergar. Ao sermos perseguidos pelos homens brancos que tencionavam nos escravizar, transformar-nos em mão de obra fixa à mercê da ambição imperial e colonialista espanhola, transformei-me no mais ferrenho defensor de meu povo e insano assassino, paulatinamente contrariando os saberes ancestrais que me tinham sido passados pelos mais velhos.

Não enfrentava os inimigos em batalhas abertas, frente a frente. Tornei-me um tipo de sombra da noite, invisível e silencioso. Conhecia minuciosamente cada pedaço de chão entre montanhas, matas e mares. O melhor ataque era o feito de tocaia, à espreita, de surpresa, quando os brancos caminhavam nas rústicas trilhas montanhosas ou quando dormiam.

Pedras levadas para o alto das árvores pela força da magia dos elementais eram sustentadas em firmes redes de cipó-titica. Fibras altamente resistentes e duráveis, que trazíamos de muito longe, das profundezas da floresta amazônica. Estas redes eram trançadas pelas mãos hábeis de nossas mulheres e as usávamos também na pesca e na caça. A água é crucial para a sobrevivência. Quanto mais tempo mata adentro, maior a importância dos riachos. Com pequena adaptação, nossas árvores mais altas nas trilhas próximas às ribeirinhas se transformaram em poderosa artilharia. Os cabelos de palha amarela teriam que reabastecer seus odres d'água.

Depósitos de pedras amontoadas nas encostas de morros rolavam misteriosamente afogando corpos humanos. Pedras lascadas cuidadosamente, moldadas como pontiagudos punhais, voavam com a interferência da magia como se fossem morcegos com radar à noite. Flutuavam e com força indescritível apunhalavam pulmões e corações. Renovávamos as oferendas sacrificiais aos deuses, pois o fluido vital era cada vez mais solicitado em nossa guerra. O espectro criado "somente" pelo sangue dos animais não estava mais servindo, tal a quantidade de pedras que tínhamos que movimentar.

Para alimentar fluidicamente nossa batalha, tivemos que sacrificar crianças e mulheres virgens aos deuses. Mas esta não era a finalidade ancestral de nossos ritos de sacralização. Por mais que fosse avisado por mensagens do mundo oculto, persistia em minha teimosia que me levava completamente à loucura obsessiva. Fui totalmente dominado pela ira e sede de vingança, fatal para meu fim como um fiel sacerdote xamã. Falhei completamente com a minha ancestralidade milenar. Quanto mais sacrificava, mas força achava que eu tinha. As pedras nada mais eram que potentes marretas a dilacerar crânios e a quebrar ossos. Perdi a conta de quantos matei.

Para meu povo, modifiquei-me de exímio e portentoso xamã das pedras a um vil assassino, pois arquitetava em maior quantidade armas para a guerra contra os brancos, em vez de me dedicar às construções e ritos religiosos. Os homens de cabelo de espigas de milho não paravam de vir, cada vez em maior número. A cobiça pelo ouro atiçava-lhes a sanha conquistadora. Os cofres do outro lado dos mares, da falida coroa espanhola, agradeciam.

Não tinha consciência do que estava fazendo para mim mesmo. Ao negar o propósito do que aprendi em ritos de iniciação com os mais velhos, atiçava a força etérica das profundezas planetária contra o meu ser. A reação às minhas ações eram previsíveis e eminentes, só eu não enxergava. Nossos ancestrais só matavam para se alimentar e em oferta às divindades pelas colheitas boas. Não éramos mais nômades e consagrávamos a mãe Terra e o deus Sol em devoção, respeito e humildade. Mesmo quando sacrificávamos crianças em nossos ritos, o fazíamos com profunda piedade e amor. No contexto religioso na época que vivíamos, entendíamos como dogma religioso que o ser sacrificado acelerava a sua evolução, indo definitivamente para o céu dos imortais. A família escolhida par ofertar um filho aos Deuses recebia com honra, alegria e júbilo, tal distinção. Logo, não fazíamos nada intencionalmente para prejudicar quem quer que fosse. Assim eram nossos valores, nossa fé e tradição.

Meu total desrespeito aos preceitos religiosos que alicerçavam o intercâmbio com o mundo oculto, quebrou as tradições de consideração à vida de todos os seres sencientes em seus habitats naturais, sejam no reino animal, vegetal ou mineral. Certo dia, eu estava coletando pedras no alto das escarpas montanhosas e repentinamente surge uma enorme onça. Nunca tinha visto um espécime tão belo e tão grande. Como poderia ela ter chegado ali, de corpo aberto, sem estar em tocaia?

O portentoso felino pulou em meu peito derrubando-me com ferocidade. Tinha a impressão que suas garras eram de fogo e seus olhos pareciam lavas incandescentes. Na luta desigual, já ferido mortalmente nos braços, sentindo os músculos rasgados e o sangue jorrar, repentinamente a onça se afasta e fica me olhando calmamente, como se estivesse com piedade. Levanto-me e tento ficar em pé. Enfraquecido e tonto, escorrego e rolo ribanceira abaixo. Meu corpo que já estava dilacerado, bateu em várias pedras e acabou por bater a cabeça numa rocha pontiaguda. Escuto o meu crânio estalar perfurado, como se fosse uma caixa de papelão rasgada por um punhal afiado. Por último ouço o felino rugir e desfaleço perdendo a consciência.

Morri vítima da própria força instintiva dos elementos aos quais fui adestrado religiosamente para manejar. A divindade regente dos minerais, rochas e pedras, o Senhor do Magma da Terra, dos Vulcões e Montanhas, com os Ancestrais Ilustres do Plano Metafísico, nada puderam fazer, a não ser consentir com o fim de minha insânia assassina. Senti nas minhas entranhas o que eu causava aos outros.

Sob a ação da Lei de Reencarnação, não compreendia que a minha tribo estava destinada a ser dominada. Tínhamos desenvolvido mais crença na magia e pouco amor fraternal. Os ritos eram mais valorizados que a convivência e o bem-estar humano e nos considerávamos imunes a quaisquer outras forças. Ao usarmos equivocadamente a invocação dos elementais nos sacrifícios em uma guerra, perdemos o resto do diminuto amor e ganhamos a ânsia de poder e vitória. Estávamos completamente iludidos, os líderes e os principais sacerdotes do meu povo. Foi assim que uma pedra rasgou a minha teimosia enrijecida em dura cabeça. O despertamento real da minha consciência acabara de começar. Acordei num Vale de Pedras.

Maleme* meu Pai Xangô.

Maleme.

---

* Maleme é uma palavra própria do vocabulário religioso afro-brasileiro. É uma derivação da expressão *valei-me*. Serve como um pedido de socorro, súplica ou piedade.

Finalmente, o sono dos justos

Esta divindade começou a rodopiar com sua capa em torno de si mesma, formando um redemoinho, uma espécie de vórtice energético e poderoso campo de força, que controlou os ventos e o fogo. Foi se expandindo e a tudo engolindo, como se a tudo comesse com voracidade, com fome e vigor centrípeto indescritível em que miríades de fagulhas piscavam como nuvem de vagalumes.

Eu tinha razoável habilidade em deslocar minha consciência para o Plano Astral. Isso se dava com facilidade em nossos ritos religiosos. Os mais velhos me diziam desde criança que eu tinha o dom, que nascera pronto. Desde muito cedo sonhava facilmente com animais de poderes. Tantas iniciações recebidas, sair do corpo físico fazia parte de mim, o que estava fora estava dentro e o que estava dentro estava fora. Assim como os peixes nascem e nadam com naturalidade, similarmente eu "nadava" nas ondas extrafísicas do mundo astralino.

O que eu tinha esquecido completamente é que dependia de amparo dos Ancestrais. Uma onda bate na areia da praia e faz milhares de bolhas que se desfazem rapidamente. Eu era uma frágil bolha, não era a onda. Além disso, desdenhei os mais básicos ensinamentos, como ter austeridade emocional, renúncia às ilusões materiais, disciplina e vigilância. Ao deixar-me controlar pelas emoções, perdi a serenidade e a maestria mental, não dominando mais a mim mesmo. Somos o que pensamos e sentimos e inexiste sintonia espiritual elevada com baixo padrão vibratório individual.

Ao morrer com raiva e medo, envolvido em uma guerra sem fim e numa luta com meus demônios internos, fui devorado pela onça do poder. A saída do meu espírito do corpo físico foi traumática. Não havia chegado a minha "hora grande", o justo momento de abandonar a minha matéria. Ou seja, não estava programado para voltar naquele instante, pois não havia cumprido o meu programa da vida e sobrava-me tempo na contabilidade sideral para eu viver na carne. Como assim sobrava tempo? Pode estar se questionando o leitor. Já não basta a paciência de nos ler, vem este Exu inventar coisa?

Ao sair do corpo físico ainda relativamente jovem, cheio de vitalidade animal, o citoplasma de minhas células produzindo abundante ectoplasma, quebrei o pacto que havia assumido com meus Ancestrais. Tinha juvenil vitalidade, disposição orgânica de sobra, e os desperdicei. Prejudiquei minha comunidade e não percebi o coletivo. O meu ego me derrotou. Falhei miseravelmente no cumprimento dos saberes iniciáticos e magísticos que recebera.

Assim como a cigarra não canta antes de romper o casulo que a prende em baixo da terra, ao contrário, eu cantei antes do tempo certo de romper a casca de minha matéria orgânica. Não me liberei naturalmente de cumprir o meu mandato de tempo no corpo físico. Antecipei meu retorno e consequentemente continuei preso à cena do meu desencarne. Faltavam-me mais de 20 anos de vida para cumprir no meu atual corpo físico. A quantidade de energia condensada em meu perispírito precisava ser escoada. O manancial energético que pulsava e estava sobrando precisou ser decantado, antes de eu ir para o Plano Astral. Faltava-me o mínimo de merecimento e a Lei Divina é cobradora incansável: tal a causa, tal o efeito, a matemática é perfeita.

Vibrando ainda no magnetismo peculiar do corpo físico, como se vivo estivesse na carne, pois vivo, muito vivo, continuava, acordei morto do outro lado da vida. Levantei-me tonto e cambaleante. Meu corpo estava todo lanhado e com profundos rasgos em várias partes. Pedaços de carne penduravam-se dos meus braços até os ossos se assanharem aparecendo. Do lado esquerdo do crânio eu passava a mão direita e sentia um buraco ao qual podia enfiar dois dedos. Minha cabeça estava rachada ao meio e sangrava. Em verdade, eu sangrava por todo o corpo, feito cachoeira. Conseguia manter-me em pé. Via e ouvia normalmente.

Enxerguei-me próximo ao meu corpo físico caído. Inerte. Sem respirar. Uma poça de sangue entre carnes retalhadas. Compreendi que não pertencia mais ao mundo dos vivos. Onde estavam meus Ancestrais, tão amigos e amorosos em nossos encontros durante minhas viagens xamânicas fora do corpo físico? Não via ninguém vivo. Nenhum pássaro nas árvores, estranhas que estavam. Toquei-as e notei que eram de pedras. Toda a floresta estava petrificada. Nada de animal, tudo acinzentando, grafite, escuro. Só pedras negras, nada mais. Muitas pedras negras, até onde os olhos conseguiam ir. Estava num Vale de Pedras.

Em conformações e matizes diversos, tudo se transformara em variações de rochas negras. Não existia nenhum ser vivo salvo meu retalhado cadáver ambulante. Um silêncio total. Só escutava o meu respirar. Ao menos sentia o ar entrar em meus pulmões, ou o que restara deles. Toquei-me e percebi que tinha batimentos cardíacos. Também tinha fome, sede... Continuava o mesmo, nada mudara dentro de mim, salvo tudo o que me cercava por fora. Caminhei, caminhei, caminhei... Não chegava a lugar algum. Só pedras, pedras e mais pedras, entre árvores e plantas petrificadas. Por mais que andasse, sempre voltava para onde estava o meu corpo físico no chão. Assisti toda a sua decomposição, até ele se transformar num esqueleto enegrecido.

Assim permaneci: caminhando e caminhando. Parei e me encostei a uma rocha. Observei o céu, não tinha estrelas. Nunca era dia, nunca era noite. Um tempo imobilizado, como se eu estivesse "preso" entre noite e dia. Nunca via o Sol, nunca via a Lua. Encontrava-me num estado intermediário de consciência, entre a Terra e o Plano Astral. Não estava em nenhum deles. Criara uma concha astral à qual eu mesmo encarcerava-me. As minhas emanações mentais idealizavam um padrão de pensamento que por sua vez impactava na plasticidade do Plano Astral, impedindo-me de sair de onde estava. Imagine o pintor preso na sua tela. Era eu. Estava dentro de um quadro pintado pelo pincel da minha mente. A morte não existe. Eu continuava tão vivo, sentia dores, fome, sede, cansaço...

Cada vez que tentava dormir escutava as pedras rugirem como se fossem leões ferozes. Um som ensurdecedor, que me impedia de ter um segundo de paz e sono reparador. Fiquei neste estado intermediário de consciência por um pouco mais de 21 anos solares terrenos. O exato período que me restou a viver a vida no meu último corpo físico. Assim como uma caixa d'água furada escorre vagarosamente, eu tive que esvaziar minha existência. Precisei decantar o quantum de energia que se acumulava em meu corpo astral antes do meu desencarne, a quantidade que faltou queimar na carne.

Encostado em uma rocha, dementado, duro, quase petrificado, pois minhas pernas e braços já não se mexiam, como se fossem granito, encontrava-me em um tipo de adaptação. Meu corpo espiritual estava se confundindo com o ambiente. Eu estava me transformando numa pedra negra. Num dado momento, um raio corta o céu plúmbeo sem estrelas. Um estrondo próximo estremece o chão. Desperto da minha letargia e vejo um guerreiro portentoso a minha frente. Um ser alto, forte e musculoso, mas esguio, seus olhos eram como duas chamas amarelas e quando respirava literalmente "soltava fogo pelas ventas".

A divindade começou a rodopiar com sua capa em torno de si mesmo, formando um redemoinho, uma espécie de vórtice energético e poderoso campo de força, que controlou os ventos e o fogo. Foi se expandindo e a tudo engolindo, como se tudo comesse com voracidade, com fome e vigor centrípeto indescritível em que miríades de fagulhas piscavam como nuvem de vagalumes. Repentinamente vi-me frente a frente com esse ser e nada mais existia no ambiente, só nós dois. Eu flutuava e sentia-me leve como uma pluma. Olhei-me e não tinha nenhum ferimento. Não sentia fome, sede, sono, nada. Estava novinho, como broto em galho podado. Estupefato, fiquei sem saber o que fazer.

O ser portentoso estava a minha frente, uma estátua de ébano, beleza grega, todo negro, ou seria grafite acaboclado, indescritível, reluzia-lhes no entorno cores avermelhadas, semelhante à cor dos seus olhos. Talvez fosse um indígena, quem sabe um africano. Não importa! Embora a Entidade não mexesse os lábios, uma voz de trovão retumbou-me dentro da cabeça. Eu sou o Exu da Pedra Negra. A pedido de alta hierarquia espiritual, conforme sua ancestralidade e merecimento neste atual momento o contemplam, venho retirar-lhe do quadro mental de perturbação que você mesmo se colocou. O brado do leão o socorre e a partir de agora você está sob minha responsabilidade. Bem-vindo à minha legião. Vamos para o Astral do Brasil, muita coisa o espera. É preciso um tempo de preparo em nossa Escola. Que nossos Pais Xangô e Obaluaê nos amparem. A entidade estendeu-me os braços e uma enorme capa negra se abriu a sua volta. Fui sugado em sua direção e imediatamente adormeci. Finalmente o sono dos justos.

Preparo na Escola de Guardiões

Nós somos velhos magos, feiticeiros, cabalistas, alquimistas, ocultistas, cientistas... Ao aceitarmos o plano de retificação de nossos destinos, trabalharemos as avessas do que fizemos em nossas últimas encarnações. Sabemos o veneno que mata, teremos que utilizá-lo para salvar vidas.

Se um Exu se apresenta pela primeira vez em um terreiro e precisa ser doutrinado, algo há de errado. Ele não é um Exu genuíno e a corrente ignora o que somos e fazemos. Quando isso ocorre, é o médium que transfere para o transe, os resíduos psíquicos de recalques, baixa autoestima, necessidade de atenção, entre outras carências.

Ao taxarem Exu de ignorante, que tanto pode fazer o bem ou o mal, precisando de controle, dão margem para que a demonização judaico-católico penetre na egrégora da casa umbandista. Em verdade, isso está impregnado no imaginário coletivo, notadamente nas regiões brasileiras que prepondera o catolicismo popular e na atualidade o crescente evangelismo intolerante.

Em terreiros sérios, que têm um mínimo de estudo e doutrina, por vezes servimo-nos dos quiumbas para educarem os médiuns teimosos. Quando o filho cai numa obsessão e o encosto está grudado em sua aura, rende-se e pede ajuda. Finalmente, nasce a humildade. Nesta hora, o verdadeiro e genuíno Exu toma conta de seu aparelho. Esse que se manifesta é espírito educado e altamente preparado no Astral. Se não o fosse não seria Exu, tal qual uma lima não é uma laranja.

O falso vidente à noite confunde a corda com a cobra. A escuridão de certas consciências encarnadas é que permitem essa enxurrada de mistificadores se fazerem passar por Exu. Falta bom senso, estudo, caráter e, pior, falta vontade de aprendizado, pois a acomodação cristaliza o ser tanto quanto uma rocha que não sai do lugar. Será que uma farofa, um galo preto com crista vermelha e uma sórdida garrafa de cachaça, arriados na encruza à meia-noite, satisfazem um espírito da envergadura de um genuíno Exu para ele atender feito ambíguo despachante os mais vis e sórdidos pedidos humanos?

Reflitamos quando a massa humana, iludida pelo engodo e vanglória de certa categoria de entidades de baixíssimo caráter, deixa-se engambelar na busca desenfreada de satisfação de seus inglórios e secretos desejos. Um Exu de fato e de direito precisa que seu médium se vista como um príncipe da Idade Média e beba litros de uísque? É necessário estar incorporado no sacerdote e ter relações sexuais com as médiuns para consagrar a Pombagira?

Ao final de uma sessão mediúnica, alta hora da madrugada, qual é a qualidade da sintonia com o Plano Astral que impulsiona o médium homem e a médium mulher a irem para o motel extravasar os sentidos aguçados durante o rito? Que relação de espiritualidade sadia existe num encontro mediúnico que aumenta a libido ao nível do intercurso sexual entre o pai ou mãe espiritual com o seu filho ou filha no próprio espaço que deveria ser sagrado? Qual será a estirpe moral do espírito que vibra nestes vaidosos e concupiscentes Oris?

Do lado de cá vemos tantas asneiras e desatinos que o mais calejado Exu às vezes parece criança no jardim de infância, frente a cupidez e falta de vergonha na cara de médiuns safados, antenas vivas do astral inferior. Umbanda não é bandalheira, assim como o abacateiro não é bananeira, isto precisa ser dito. Afinal o que deve saber um verdadeiro Exu? Quais as destrezas e habilidades este espírito deve dominar perfeitamente? Como lidar com uma obsessão que envolve profundos pactos de magia feitos com sangue em passado remoto?

Qual o trato com entidades do submundo astral que procuram de todo jeito apoiar os seus comparsas encarnados que lhes dão poder ao servir os animais sacrificados? Onde e como atuam os quimbandeiros? Qual a engenharia energética que faz os feitiços pegarem e como desmancha-los? Como quebrar trabalhos feitos em ruas, meios-fios, passagens, portas de entradas etc. sem prejudicar mais ainda as almas aflitas escravizadas que estão imantadas nos elementos ofertados?

São tantos os conhecimentos que os Exus devem dominar e ter ciência, que é impossível descrevermos todos. Assim com o a medicina tem áreas de especialização, nós Exus também temos, uma esfera de ação à qual somos especialistas. Todo Exu de Lei, de fato e de direito que atua na Umbanda, passou por uma escola de aprendizado especializado no Astral. A Escola de Guardiões Pedra Negra é uma sólida construção astralina. Plasmada pelo poder mental dos Maiorais do Espaço, abriga um grande contingente de espíritos em processo de exunização. Localiza-se em densa região, descrita nas obras espíritas, como baixo umbral. Este local é o mais apropriado para o treinamento no manejo de fluidos densos, ao qual temos que lidar na prática.

Imagine um enorme e inexpugnável muro de granito negro reluzente. Esta é a forma da escola. Por onde seja vista de fora, só se enxerga o alto muro, nada mais. Trata-se de uma barreira vibratória que não permite a invasão das hordas de espíritos caídos. Os instrutores da escola, velhos espíritos, calejados nas mazelas humanas, dizem-nos que o Brasil é o país que mais se faz feitiços. Um grande número de espíritos fracassados vinculados à inquisição está reencarnado nessa pátria e a perseguição evangélica às religiões mediúnicas é a ponta do iceberg de enorme montanha cármica, que ora escoa. De um lado, os antigos feiticeiros em massa encarnados, hoje adeptos das religiões mediúnicas populares, doutro lado os ex-inquisidores, hoje bispos e pastores, ambos recaem em sérios atavismos, alimentando a guerra santa, daí a intolerância religiosa e o crescente preconceito e violência.

O programa de ensino da escola é intenso, austero e disciplinador. É um quartel com rígida hierarquia. Temos que estar preparados para a guerra. Somos velhos magos, feiticeiros, cabalistas, alquimistas, ocultistas, cientistas. Ao aceitarmos o plano de retificação de nossos destinos, trabalharemos as avessas do que fizemos em nossas últimas encarnações. Sabemos o veneno que mata, teremos que o utilizá-lo para salvar vidas.

Não estou autorizado a dar mais detalhes do que aprendemos na Escola de Guardiões Pedra Negra. Não tenho condição de fazê-lo, dado que muitos conhecimentos ainda a ciência terrena não domina, no campo da física e química transcendental. Não teria como passar ao médium que me recepciona os pensamentos. Um Exu Pedra Negra raramente incorpora. Primeiro porque não é necessário. Segundo, pouquíssimos médiuns suportariam nossa vibração, dado a alta voltagem de nossos corpos espirituais. Similarmente, uma lâmpada de dez volts estoura diante uma descarga elétrica de mil volts.

Nossos corpos astrais são sensibilizados para usarmos certos paramentos de pedra, transformadores energéticos de altíssima frequência: colete, capa, escudo, espada, laços, dardos, equipamentos tecnológicos utilizados para a destruição dos feitiços, tudo feito de pedra negra astralina. Outro aspecto de nossa atuação acontece em campos abertos, no ilimitado. Existem linhas de forças etéreas contrárias às vibratórias das ruas urbanas. Todos os despachos e trabalhos feitos em cima delas estão sob nosso campo de ação preferencial. Somos quebradores de demanda, destruidores de despacho.

No lugar em que um Exu Pedra Negra pisa, crepitam faíscas, raios caem e o chão estremece.

Fomos arduamente treinados para resistir a qualquer campo de magia denso. Quando Exu Pedra Negra corre gira, do portão de entrada do terreiro para fora, não fica pedra sobre pedra da construção ignóbil dos feiticeiros. É um "terremoto" e os Exus Treme Terra vão à frente balançando o terreno. Todo o feitiço é quebrado, seja na encruzilhada, na rua, na esquina, na ruela, em portão e porta, até em tampa de esgoto. Seja qual for o caminho dos homens nas cidades, onde tenha meio fio de pedra, lá estará um quebrador de feitiço, um Exu Pedra Negra, Sob a Lei de Umbanda, de Xangô e de Omulu.

Lá vai o sol e já vem a lua
Ouço seus passos, Pedra Negra está na rua
Ele vence demanda, feitiço ele tira
Exu Pedra Negra, ele é dono da Gira!

Corre gira, tem sessão no terreiro

Quando o campo de força do feitiço é quebrado, as obsessões ferrenhas com pactos de sangue no passado remoto, entre vítima e algoz, tem que ser resolvidas. Para isso são feitos os desdobramentos espirituais na hora grande, após o término da sessão no terreiro, durante o sono físico natural. Nestes casos, temos que mergulhar até as zonas infernais do baixo umbral e rompermos os bolsões de espíritos sofredores.

No início de cada sessão de caridade no terreiro de Umbanda ao qual estou vinculado, encontro-me a postos no lado esquerdo de quem entra pelo portão principal. Ali se encontra o meu ponto de força eletivo, ali está meu okutá, uma pedra negra encantada, na terra preta enterrada. Pertence aos Orixás Xangô e Omulu, enfeixado como Exu de Lei que me encontro. Munido de meus poderes divinos, respondo na reorganização dos destinos na esfera de ação que me foi outorgada. Não confunda ponto de força com tronqueira. A tronqueira é o ponto de força principal de Exu num terreiro, mas pode e deve não ser o único.

Um ponto de força é um portal que abre uma passagem entre o plano metafísico e o físico. Sustenta-nos de maneira vibratória e nele nos apoiamos para nos mantermos a vibração enquanto permanecemos no terreiro. Essa pedra sagrada foi trazida da natureza virginal. Habitava o lodo preto de uma floresta intocada e foi transplantada para o terreiro com todo zelo e amor do sacerdote. Em rito propiciatório, houve a consagração com as palavras ditas que selaram o encantamento do duplo etéreo da pedra, assim entronizando-a no poder de realização dos Orixás Xangô e Omulu.

Meu trabalho começa muito antes de os consulentes chegarem ao terreiro. Consulente é o modo de dizer. Refiro-me aos seus encostos, os mais diversos, dos mais simplórios aos mais ardilosos. Impressionaria os olhos sensíveis de vocês de quanto às aparências enganam. Os indivíduos que se consideram os mais evangelizados são os que têm os piores e mais ferrenhos obsessores. As pessoas mais simples e menos eruditas, baseado no que vejo do lado de cá, são as que mais facilmente atraem espíritos de muita luz. Concluo que o conhecimento intelectual de escrituras sagradas, sejam quais forem, não é passaporte para a sintonia espiritual elevada.

Impacta em meus gastos e velhos olhos descarnados a quantidade de obsessor tem nas igrejas evangélicas. Enquanto eles falam muito de demônios, não por acaso os demônios estão grudados neles. O que se fala se atrai. A movimentação que se dá durante a gira foi detalhadamente planejada com antecedência. Todas as residências dos consulentes foram visitadas, sabemos, de antemão, suas solicitações, suas mais secretas dores, seus mais recônditos desmazelos morais. Nada acontece por um acaso no Reino de Exu, nada fica escondido no Livro da Lei.

Então não existem imprevistos? Claro que existem, assim como a tempestade que se anunciava não virou em chuva. Isso não interessa, pois estamos preparados para quaisquer dilúvios. Imagine a infantaria entrando numa guerra contra o inimigo no campo de batalha. Assim é o trabalho de Exu que corre gira sob a chancela dos Pedras Negras. Somos batedores, resolvemos o que tem que ser resolvido, fazemos o que tem que ser feito. Ponto final. Ao iniciarem os procedimentos rituais de abertura dos trabalhos no terreiro, já estamos correndo gira. Vamos longe, muito longe. Quem corre tem que ter um endereço, um rumo, certo? Cada ser humano deixa um rastro por onde pisa. São marcas vibratórias, linhas magnéticas que nos servem de roteiro para nossa caça aos feitiços, feiticeiros e cia.

O perfume deixa um rastro de fragrância no ar. O feitiço tendo pegado no indivíduo deixa uma marca astromagnética no éter. Compreendam que transito no plano metafísico e meus sentidos e capacidades psíquicas são diferentes das humanas criaturas. Nós em espírito, livres da matéria, somos potencialmente melhores, pelo simples fato de não estamos presos no paletó de carne. Imagine um Exu de Lei adestrado no poder mental. Sem comparações com vocês. Logo nem tudo posso descrever. Meu objetivo é descobrir e localizar onde se encontra o duplo etéreo dos feitiços que ainda continuam vibrando. Enquanto este doble não for destruído, cargas energéticas destrutivas continuarão enviadas para o enfeitiçado, que está lá no terreiro tomando um passe com o Preto Velho ou com o Caboclo. Não devemos deixar o Pai Velho e o Velho Pajé não mão, né mesmo?

Quando o campo de força do feitiço é quebrado, as obsessões ferrenhas com pactos de sangue no passado remoto, entre vítima e algoz, tem que ser resolvidas. Para isso são feitos os desdobramentos na hora grande, após o término da sessão no terreiro, durante o sono físico natural. Nesses casos, temos que mergulhar até as zonas infernais do baixo umbral e rompermos os bolsões de espíritos sofredores. Literalmente, quebramos conchas astromagnéticas como se fossem pedras chocando-se umas com as outras. Destruídos os cascudos energéticos, as almas aflitas são removidas pelos falangeiros de Umbanda, nas mais diversas linhas, dependendo da especificidade energética necessária para se levantar esses escravizados até os entrepostos socorristas.

E a sessão de caridade continua, os passes sendo dados e os tamboreiros tocando. Quantos acontecimentos que vocês não percebem num simples terreiro de Umbanda! Os quiumbas, sórdidos obsessores, se disfarçam de Kimbanda – culto religioso curativo de origem angola-congo, comum na arte de cura dos pretos velhos umbandistas – e assim conseguem engambelar muitos terreiros. Os quiumbandeiros não têm relação com o genuíno kimbandeiro, um agente curador em sua comunidade. Quiumbanda é a falsa Kimbanda, deslumbrando sacerdotes venais e é formada de terríveis feiticeiros que utilizam de poderes negativados dos elementais dos pontos de forças da natureza, desequilibrando a força de realização dos Orixás na vida humana. São espíritos presos mentalmente na idade média. Quando encontram médiuns afins, o terreiro vira para a quiumbanda, transformando-se em um circo do passado. Reis e rainhas ressuscitam, são tratados com pompas, alimentados, adulados com mimos, seus médiuns se vestem como se estivessem num baile na corte parisiense medieval. Efetivamente esses espíritos estão perdidos no tempo. Suas construções astralinas no baixo umbral lembram os castelos. Vivem em seus reinados com muitos súditos. Provisoriamente fogem à Lei de Reencarnação pelo uso aviltado do ectoplasma fornecido pelos intermináveis e abundantes sacrifícios animais. Estes reis, rainhas, príncipes e princesas das trevas da ignorância da consciência, são os alvos preferenciais. Quando um Exu de fato e de direito pisa no reino deles, não fica pedra sobre pedra, podem crer.

Vocês já viram despacho com moedas no meio-fio, em frente a estabelecimentos comerciais ou bancários?

Será para prosperidade e abundância? Quase nunca o é. Vou explicar a arquitetura energética deste feitiço, muito comum, mas de grande estrago. As almas atormentadas que foram ricas em vidas passadas, que gastavam fortunas nos cassinos, com promiscuidade, drinques e os mais diversos prazeres da carne, desde as mais finas roupas até as melhores iguarias nas mesas, são os espíritos eleitos para serem afixados nos eflúvios destas moedas. Para eles são tesouros enormes, ouro que não acaba nunca. No hipnotismo mental que se encontram, plasmam seus infernos pessoais. Quando fixos nestes ebós, a carga energética do duplo etéreo é imantada na aura do pobre coitado do indivíduo. O infeliz começa a gastar sobejamente. Gasta o que tem e até o que deixa de ter. Arruma amante mulher se homem, se mulher logo se apaixona por jovem bonito, compram-lhes apartamentos e boas roupas, viajam clandestinamente e rompem todos os limites de crédito.

Já viram este enredo? A ânsia, a sensação de gastar e o prazer que isso causa leva-os ao endividamento. Rapidamente os credores estão batendo às portas e, quando o vil metal acaba, os amantes se desapaixonam rapidamente e os rejeitam com asco. A ressonância vibratória das entidades desencarnadas potencializou o deslumbramento pelo prazer de gastar e exaltou as mais pérfidas falhas de caráter humano. Só mais um tipo de feitiço que quebramos. Tantos são os desalinhos das humanas criaturas, que o meu trabalho nunca acaba. A sessão de caridade continua no terreiro. Muitos ainda aguardam serem chamados para entrar no espaço sagrado. Outros estão genuflexos frente ao Congá.

Vou correr gira, ligeiro andar, tantos são os feitiços, ainda a quebrar.

Sorte minha, tenho muito o que fazer e assim retifico o meu próprio destino, no amparo de Exu, Xangô e Omulu, Sou Pedra Negra, Sou Luz na escuridão.

Entrevista com Exu Pedra Negra

O correto na ação de Exu quase nunca é o correto diante os julgamentos dos homens. O correto para vocês geralmente é o incorreto diante as Leis Cósmicas. Exu não é o juiz, mas é agente corregedor dele e implementa a correção nos espíritos faltosos. Se Exu é quem executa a ação correcional, é certo que o juiz que a sentenciou se baseou em correto inquérito, tendo todas as informações verdadeiras sobre o sentenciado, espírito imortal faltoso. Exu é diligente, ele faz a sindicância para os magistrados do astral, por isto ele sabe o que tem que saber. O executor dos destinos tem acesso irrestrito às mazelas humanas, tal qual o tesoureiro do banco tem a chave do cofre principal ou o médico aos raios X do organismo enfermo.

Como é possível se modificar provisoriamente as leis físicas, pelo controle dos elementos e fluidos etéricos, objetivando a levitação e deslocamentos de pedras?

Há que se entender que as leis da ciência na Terra são ainda pálidos arremedos da ciência transcendental. Disse o Mestre: "Se tiverdes a fé de um grão de mostarda removereis montanhas". Inevitavelmente uma fé robusta constrói uma poderosa força mental.

Quando o firme propósito se alia a uma fé inquebrantável, temos o grão de mostarda dentro de nós.

Alias, não existe magia sem propulsão do dínamo mental. A própria criação cósmica foi arquitetada na Mente Universal. Somente com grande destreza mental o operador magístico controla, mesmo que parcialmente, os elementos ar, terra, fogo, água e éter. Digo parcialmente, pois estes elementos são direcionados a uma área espacial específica, delimitada na mente do mago. Dá união com entidades espirituais, mente a mente, associadas em reciprocidade de intenção, surge o manejo satisfatório das energias elementares. Deus disse faça-se luz e a luz se fez. Daí a importância das palavras sacramentais de encantamento, impondo-se à força mental pela reverberação sonora no éter.

Digamos que para uma pedra levitar é preciso se descondensar parcialmente a união de suas moléculas atômicas. Mantém-se a forma do duplo da pedra, mas sua coesão atômica é enfraquecida. Todo o processo de afrouxamento ocorre no doble hiperfísico das moléculas e é necessário um potente médium de efeitos físicos como doador de ectoplasma. Se assim não for, os espíritos dedicados ao intento de fazer a pedra levitar e transportá-la não conseguirão interferir na matéria etérica, pois estará extremamente densa. Analogamente, é como se o seu reflexo no espelho tentasse quebra-lo. Há que se ter o meio de ligação entre você e os seres refletidos por sua vontade no Plano Astral.

Imagine o reflexo de uma árvore num lago. Pense agora que o reflexo ou mundo invertido – está de cabeça para baixo – é o real. Assim eu defino a antimatéria, o real e tangível, ao qual atuo. Tudo que é material é seu reflexo, tudo que é físico é refletido do hiperfísico. Melhor dizendo, toda a energia condensada que dá forma a todas as coisas terrenas são reflexo de uma dimensão que vibra em mais alta frequência. Ao mexermos neste reflexo astralino podemos modificar a coesão etérica das coisas materiais e assim alterar provisoriamente as leis físicas ordinárias. A partir deste princípio, fica fácil mudá-las de lugar, transportá-las e até desmaterializá-las.

Qual a relação dos elementos, a magia dos elementais e a dureza das pedras?

Não confunda elemento e as forças elementares com os elementais. Os elementais são seres que habitam no reflexo de cada coisa existente na Terra, que por sua vez são derivações da combinação dos elementos ar, terra, fogo, água e éter. São etéricos, embora sejam materiais, são imponderáveis aos sentidos físicos humanos. Não tem um corpo físico convencional, todavia são hiperfísicos e apresentem densidade atômica, peso.

Se você andar na rua com calça larga e sem cinto ela cairá. É uma situação esquisita ter a calça nos joelhos, a não ser se você vai ao banheiro, né mesmo? Grosso modo, os elementais são o cinto que não deixam as calças das coisas materiais caírem. A condensação energética etérica e a integridade atômica da natureza se mantêm pela ação dos elementais. Eles vivem na contrapartida etérica dos reinos mineral e vegetal. Quando afastamos os elementais do objeto etérico ao qual eles se vinculam, acelera-se a orbita dos elétrons, assim interferimos no núcleo atômico e afrouxamos a coesão molecular, a matéria vira provisoriamente antimatéria. O mecanismo é o mesmo para as desmaterializações, transportes, levitações e fenômenos físicos mediúnicos.

É possível a capacidade anímica dilatada, como é a dos iogues, fazerem o indivíduo flutuar, andar nas águas, caminhar sobre brasas e até fazer chover pedras ou levantar montanhas. A fé como o grão de mostarda. Todavia no campo do mediunismo, é indispensável o médium de efeitos físicos. Pensemos que mesmo os iogues avançados são potentes fornecedores de fluido ectoplásmico, o meio de ligação plástica, de plasticidade – moldável –, que propicia a atuação dos espíritos desencarnados sobre a matéria terrena. Sem dúvida, o melhor fenômeno é o indivíduo transformar-se, quebrar a dureza da sua ignorância e romper o afastamento de sua própria essência espiritual, assim como a tartaruguinha rompe a casca do ovo e corre para o mar, tornar-se permeável a autorrealização e bem-aventurança.

Fale-nos sobre as energias vivas pulsantes. Por que são instintivas e podem se descontrolar?

As energias elementares – ar, terra, fogo, água e éter – precisaram de bilhões de anos solares para se acomodarem na geografia planetária e construírem as formas adequadas para as vidas animal e humana. Ao interagirmos com estes sítios vibracionais, a própria vibração original das humanas criaturas pode desgoverná-las.

O Princípio Organizador do Cosmo, um dos epítetos e atributos do Orixá Exu, responderá instintivamente a toda ação desorganizadora. Observe que toda a Criação está disponível para as entidades vivas manifestadas, no infinito e por toda a eternidade. Esse influxo permanente, essa potência cósmica, tudo organiza, nada é um acaso do caos ou da anarquia. Qualquer esforço, mesmo não intencional, que resulte em desorganização e instabilidade nas coisas criadas terá uma pronta, imediata e instintiva ação reguladora. Os pingos não devem e não podem ficar fora dos "is". As laranjas caem do laranjal para baixo e não para cima, os peixes nadam no fundo das águas, as chuvas vem dos céus, o Sol emite luz e a Lua a reflete, os pássaros voam nos ares… Tudo se mantém organizado, paradoxalmente menos os homens, pois têm livre-arbítrio e desregulam as Leis Cósmicas.

Todo ato mental humano que prejudica uma criatura viva senciente, seja no reino vegetal ou animal, e até no mineral, embora aí não existam vidas que sintam no sentido de expressar sensações ou sentimentos, gera uma força contrária, instintiva, primária, dessa grande rede universal imponderável, o Orixá Exu. O descontrole dessa teia pulsante e sensível é efeito controlador consequente de uma ação desequilibradora do homem, o agente causal de respostas negativas, por vezes violentas, das forças da natureza, sejam elementares ou elementais.

Fiquei confuso sobre o Orixá Exu e a Criação Divina. Peço maiores elucidações. É possível?

Exu é a força e o poder dinamizador provindo do próprio Deus. Todo elemento criado teve a ação de Exu, em contrário seria fluido cósmico em suspensão, como se fosse uma névoa disforme flutuando. Exu faz parte da vida e seu poder dinâmico imprime um sentido na Criação. Os elementos, por outro lado, não passariam de simples matéria inerte, meras partículas dispersas no vácuo cósmico, sem nenhuma coesão.

O Orixá Exu é onipresente em toda a Criação. Não existe uma partícula, um átomo, um ser vivo, um planeta, uma estrela que se mova sem o impulso de sua força. A Terra não giraria sobre seu próprio eixo nem em torno do Sol. Não haveria dia e noite, as estações, as ondas, as marés, os ventos, não existiria força gravitacional em nenhum orbe. Seria o nada. As partículas elementares, como os elétrons, que compõem todos os elementos, não se movimentariam em torno do núcleo dos átomos. Não existiria a lei de atração e repulsão das moléculas, o Cosmo se desmaterializaria descondensando-se. Por isso, Exu é o Agente Mágico Universal!

Ó Senhor Pedra Negra, dê-nos um exemplo, no nível planetário, da resposta instintiva do poder organizador de Exu, pelas forças da natureza criada?

Os tornados e furacões nos Estados Unidos da América são efeitos gerados pelo ódio de outras nações contra os americanos. No fundo a causa geradora são as atitudes de arrogância, cobiça e dominação econômica dos americanos. Aliado à movimentação das forças etéricas da natureza que respondem instintivamente sob o comando de emanações mentais coletivas odiosas. A grande rede organizadora do Orixá Exu impõe às massas humanas encarnadas nessa nação pesado carma retificativo: competição econômica exacerbada, individualismo, belicismo... Enfim, é outro tema, daria uma enciclopédia, encargo dos Maiorais Sidéreos, não de um singelo Executor do Destino nos Umbrais Inferiores.

A energia condensada no perispírito determina o tempo de vida no corpo físico?

Nem sempre. Não existe uma relação direta dessa energia, uniforme e proporcional ao tempo previsto da encarnação do vivente. Vocês não são pilha de longa duração com rígido controle de qualidade para durar um número de horas fixo. O controle de qualidade do lado de cá é realizado com muitas, muitas variáveis. Há casos que o indivíduo está no máximo de vitalidade, num momento de pujante jovialidade. Por injunções cármicas de dívidas pretéritas, desencarnará num grave acidente automobilístico. Assim a Lei de Ação e Reação o aliviará de maiores sofrimentos, dispensando-o de quaisquer decantações no corpo perispiritual, dado que foi cumprida uma meta do propósito de vida do acidentado – desencarnar jovem em grave acidente.

Todos vocês encarnados, trazem consigo uma "trouxa" pesada amarrada nas costas – o carrego de vidas passadas. Cabe somente a cada um diminuir este fardo, lavar as roupas sujas. Necessariamente, ninguém tem que sofrer após a morte física. Lamentavelmente, na maioria das vezes, por atitudes equivocadas e ações imaturas, o estado de consciência volta pior do que estava antes de o sujeito ter reencarnado. E a trouxa de roupa suja será maior.

E os suicidas indiretos?

Sem dúvida, o ente que negligenciou seu programa de vida e teve um desencarne abrupto, notadamente no campo da preservação da saúde orgânica, com ações que colocaram em risco a previsão de seu tempo encarnado, como fazem os viciados em drogas e àqueles que se expõem por serem violentos ou praticantes de esportes radicais por mera vaidade competitiva, esses terão, obrigatoriamente, que descarregarem o saldo energético remanescente do tempo faltante, perambulando pelos umbrais ou presos em suas próprias conchas astrais.

Exu cria com sua capa poderoso campo de força e intenso vórtice energético. Isto é possível só com uma capa?

Não. Poderia ter sido um punhal, uma saia, um chapéu, um laço... Enfim, qualquer forma que a entidade queira se apoiar usando-a como adereço ou paramento litúrgico, associando-a à sua magia mental.

Os adereços ou paramentos são meras condensações energéticas. Nem sempre nos apoiamos nos duplos dos materiais utilizados pelos médiuns nos terreiros. Também temos a capacidade de plasmar essas ferramentas de trabalho sem ter a contrapartida do duplo físico.

A pá se enche de areia do monte. Sob o poderoso influxo mental de adestrado Exu, atrai-se do infinito manancial cósmico e se concentra as moléculas astralinas, em sua capa, que serve como um aglutinador. A partir desse mecanismo, pela sua indução mental, imprime-se movimento às moléculas, criando-se o campo de força, tal qual o braço do pedreiro impulsiona a pá para encher o carrinho.

Como foi realizada a recomposição do seu corpo astral, no momento do seu encontro com o enviado do Orixá Exu, que se denominou Pedra Negra?

O Senhor Pedra Negra ao me liberar do monoideísmo que me subjugava, permitiu que eu saísse da concha astral que me aprisionava. Tal qual uma forma de gelo vazia que se enche de água, cada molécula de meu corpo astral se preencheu de prana revitalizador. Esse poder vital regenerador é inerente a Exu, ao qual eu estava envolvido e sob o seu raio de ação. É óbvio que sem a sua intercessão, ao me preencher com o seu magnetismo, tal qual o disciplinado passista faz com o consulente fraco e desconcentrado, eu não teria conseguido.

O Exu que precisa ser doutrinado necessita da tarefa para evoluir. É assim?

Não existe Exu que precisa ser doutrinado. Um espírito denso sim requer a manifestação na densidade de um corpo físico e somente assim escuta o Caboclo, o Pai Velho ou Exu. Nesse caso o quiumba incorporado num médium e o Guia espiritual em outro. A tarefa para evoluir todos nós precisamos, tal qual o afogado precisa do ar. As legiões de Exu não são ajuntamentos de espíritos meio sem certeza do que estão fazendo, que se propõem a testes para ver o que vai dar. Exu que é Exu, que incorpora em um genuíno terreiro umbandista, é Exu de Lei, ou seja, passou por todo o preparo no mundo espiritual para assumir a missão de ser um enviado do Orixá Exu.

Em relação aos encarnados, é certo que os Exus são espíritos disciplinados e não mantêm os mesmos vícios de caráter das humanas criaturas. Somente assim, com preparo, recebemos a permissão de descer num terreiro e o direito de termos nossos médiuns. Assim como uma fruta podre atrai moscas, certos médiuns indisciplinados e de baixíssimo caráter atraem quiumbas, em vez de repeli-los por uma vibração original elevada. Você não entra num lago fundo se não souber nadar. Enquanto o espírito que está se exunizando no Plano Astral não está pronto, não entra na falange e não desce no terreiro.

Por que dizem que Exu é kimbandeiro e todo cuidado no trato com ele é pouco?

Medo do desconhecido. O sujeito que tem um caráter firme, não teme nenhum espírito, respeita-os, mas não os teme. O trabalho de Exu é kimbandeiro por atuar na negativa da Lei de Causa e Efeito. A própria ação do espírito exunizado, sob o influxo do poder de realização do Orixá Exu, age negativamente num espectro de ação coletiva para retificar o seu próprio carrego cármico individual. Se for desmanchar feitiço é porque sabe fazer e muito o fez. Assim repõe o que desorganizou frente à Lei Divina. Não há dúvida e não há ambiguidade no Reino de Exu, preto é preto, branco é branco. O cinza, simbolizando a dúvida e o engodo, fica por conta dos despreparados, imaturos e carentes médiuns quiumbeiros.

A serventia dos quiumbas na educação dos médiuns é ainda necessária?

Sim, notadamente para os médiuns iniciantes, que chegam aos terreiros cheios de altos estudos teóricos, mas com baixa humildade e grande jactância intelectual. Os chefes de cabeça do lado de cá, austeros Caboclos, permitem isso para que seus médiuns drenem a vaidade e ao mesmo tempo aprendam a ter percepção fluídica adequada. Se o quiumba consegue se fazer passar por Exu e engana o médium, ele serviu ao propósito de negativação do emocional negativo dele e do próprio médium.

Mas a Umbanda, nessa situação, permite e dá passagem a eles, pela sua raiz de humildade, por acreditar que ainda assim seus médiuns podem aprender com um espírito embusteiro e mistificador, para que os guias de luz da casa possam doutrinar (esses sim) e encaminhar para o lugar de tratamento, ao qual, quem sabe, poderão vir a se tornar Exus. Aí dependerá do merecimento e cada um.

Os dirigentes despreparados e de pouca doutrina vaticinam que Exu é uma entidade mais perto do ser humano. Se o médium não for forte para recebê-lo, ele vai liberar as próprias energias psíquicas na manifestação. Por isso que tem casas de religião que Exu dança pagode, bebe até derrubar os médiuns, assedia as mulheres, fala palavrão, atemoriza e incita a discórdia. Nestes locais a serventia se tornou o serviço. São terreiros contaminados pelo astral inferior.

O médium necessita ser forte e corajoso para olhar para dentro de si mesmo, não temer sua interioridade, mesmo que o assuste, tantos sãos os Exus que tem dentro de si. Ao projetar para fora seus recalques, idealizando no transe mediúnico um escape para as suas máscaras e falhas de caráter, atrai espíritos em mesma faixa de sintonia.

Quais as destrezas e habilidades que um Exu de Lei deve dominar?

Você pode ser o melhor construtor de casas, o mais renomado arquiteto, um exímio engenheiro civil, um excelente mestre de obras, mas se você não for o melhor construtor de suas emoções, não souber arquitetar com equilíbrio sua comunicação e falhar na engenharia de sua afetividade interpessoal, você não terá destreza de coisa alguma. A obra perene que cada um deve construir dentro de si não é feita dos tijolos que as mãos pegam, nem com os passageiros títulos acadêmicos do mundo.

Poderia elencar uma série de habilidades magísticas que exigem alta destreza na manipulação dos elementos. Nada disso importa, pois o domínio dos recursos que enchem os olhos das humanas criaturas, se destituído da construção de um caráter elevado e sólido, são tijolos, cimento e areia jogados ao chão.

Um Exu de Lei é um mestre de si mesmo, um pedreiro que com muito esforço construiu sua casa psíquica em rocha firme. Ainda não amamos como amou o Mestre dos mestres, mas já vencemos nossos demônios internos. Vencidos os de dentro, quem de fora nos derrotará? Um Exu de Lei trabalha para sua própria retificação da coletividade. Colocamos no lugar os tijolos nas casas dos outros que destruímos quando éramos vencidos por nós mesmos.

Como lidar com a obsessão que envolve profundos pactos de magia com sangue no passado remoto?

Com profundidade, agindo no nó que gerou o pacto nefasto. É necessário se desfazer estes acordos que vibram na atemporalidade do espírito imortal. Certos núcleos de memória, ativos nos cérebros perispirituais dos envolvidos, são reverberações ou ecos do inconsciente profundo. É lá que faremos a punção retirando os abcessos podres. Colocaremos ambos, obsessor e obsediado, frente a frente, numa espécie de acareação. Desdobraremos o encarnado e o traremos em Corpo Astral para um cenário idêntico ao passado, plasmado pelos seus registros de memória. Isso é possível pela ativação do núcleo mnemônico que vibra no corpo mental, é como abrir um arquivo gigantesco e retirar uma única ficha diante de bilhões de fichas. Somente os Mestres Cármicos do lado de cá o conseguem.

Os desafetos ao se lembrarem do pacto feito no passado, entendem a necessidade de o desfazerem, o que só acontece com eles próprios citando as palavras de esconjuro usadas no pacto. Sem o verbo dos pactuados, o pacto não se desfaz. Nossa maior dificuldade não é técnica. Tem muitas coisas que vocês ainda desconhecem do lado de cá. Temos exímios magnetizadores e possibilidades holográficas indescritíveis que fogem a noção cartesiana do tempo terreno.

O maior obstáculo para a libertação dos complexos processos de obsessão que envolvem pactos com sangue é o perdão das partes envolvidas. Se o obsessor desencarnado não perdoa e cessou seu direito de livre-arbítrio, dado a imposição extrema de rearmonização coletiva, sendo imperioso cessar sua ação individual, o mesmo é conduzido para uma encarnação compulsória, única forma de fazê-lo esquecer do ódio e da vingança. Aonde e como nascerá? Cada caso é um caso.

Poderá renascer autista, com algum estigma físico e até com perfeita saúde em um orbe inferior. Agimos numa faixa de retificação dos destinos desde que àqueles que são alvos dessa ação retificadora tenham merecimento. Em contrário, o natural influxo transmigratório os atraíra para planetas inferiores. Isso está se acelerando e a limpeza da Terra é inadiável.

Qual o trato com os magos do submundo astral, que procuram de todo jeito apoiar seus comparsas encarnados, seus fornecedores de animais sacrificados?

Mostramos a eles o efeito de retorno em seus corpos perispirituais, precisamente do magnetismo do planeta, conquanto fujam sistematicamente à Lei de Reencarnação. O fornecimento do ectoplasma fluido do sangue quente dos animais sacrificados permite que seus perispíritos não enfraqueçam sem reencarnar, e isso será cortado, quer queiram ou não. O trato é a execução sumária da Lei Divina. Todavia, é possível a esses magos a oferta de uma ação libertadora de todos seus escravos e vassalos, objetivando o desmonte de suas organizações trevosas. Se acontecer assim, esses líderes poderão reencarnar em orbes inferiores, contudo em corpos humanoides. Por outro lado, o efeito de arraste do magnetismo telúrico os amassará, como latinhas pisadas por um elefante.

Hibernarão nas sombras como ovoides durante o exato tempo que fugiram à reencarnação. A reconstrução de seus corpos astrais será lenta e sofrida, sem possibilidade de exteriorizações da consciência. Quase todos aceitam nosso trato. Qualquer possibilidade de concessão parte da execução de uma ação coletiva no bem. De qualquer maneira acabaremos com as fortalezas desses espíritos. Ao permitirem que eles escolham, nossos Maiorais demonstram que a responsabilidade do uso do livre-arbítrio tem causas e consequências.

Onde e como atuam os espíritos ditos quiumbandeiros?

Esses espíritos se movimentam nos desvãos ignóbeis da ignorância humana. Exercem o poder absoluto para a manutenção da satisfação dos sentidos, dos gozos e prazeres carnais, mesmo não tendo eles um corpo físico. Incentivam a vaidade, o deslumbramento, a degradação ética e moral. Adoram banquetes, instigam a vontade de beber, estimulam a libido e potencializam os chacras inferiores dos seus médiuns para auferirem controle da energia vital dos chacras básicos.

Os fluidos liberados pelos órgãos sexuais quando o médium está em transe com o quiumba fornece-lhes quantidade gigantesca de ectoplasma. Esse é o motivo das festas sensualistas em clubes, boates e cabarés, triste moda que se alastra nos agrupamentos mediúnicos quiumbandeiros. Dizem-se Exus, reis, rainhas, príncipes e princesas. Mimam seus médiuns, fascinam e os dominam completamente. Nos intercâmbios mais severos entre o médium e o quiumba, dividem o mesmo habitat e sensações, estão sempre juntos, o tempo todo, em simbiose profunda.

Qual a engenharia energética que faz os feitiços pegarem?
Uma pedra não quebra a vidraça se ninguém jogá-la. Enganam-se os que acham que são os elementos que fazem os feitiços pegarem. Um diamante no lodo continua sendo um diamante. O detentor do conhecimento técnico utilizado para a criação dos feitiços analisa, desenha, mantém e piora as falhas de caráter que fazem parte da estrutura psíquica humana do enfeitiçado. O lodo infiltra-se em pedra porosa. Você é diamante de um caráter impermeável ou pedra porosa dos vícios morais?

O mago engenheiro projeta o feitiço baseado nas porosidades – brechas – morais do indivíduo. Calcula-o matematicamente e os aplica. Quase sempre dois mais dois é quatro, o feitiço quase sempre pega. A maneira mais eficaz e perene para se desmanchar um feitiço não é fazer agrado para Exu, muito menos pagar uma montanha de dinheiro para o sacerdote da mão grande, o cobiçoso.

Quer ser impenetrável e acabar com os feitiços definitivamente? Seja rocha viva de valores elevados, tenha respeito pela vida que lhe foi concedida. Torne-se inquebrantável em seu caráter, se é que os enfeitiçados o tenham. Pense que se você estiver com fome, mas muita fome, ainda assim não tem o direito de arrombar a casa do vizinho e surrupiar a sua geladeira.

O fato de falhas de caráter ser o alicerce fundamental dos feitiços, não dá direito aos magos de enfeitiçarem qualquer mau caráter.

Se assim o fosse, raros seres humanos estariam imunes aos feitiços. E por que então os feitiços nem sempre pegam? Porque existem Exus do lado de cá. Temos vasto campo de ação, somos desmanchadores de feitiços. Felizmente, é o que mais fazemos, temos amplas possibilidades de redenção, retificando nos outros, o que temos que retificar em nós.

Todo Exu que ri, ele ri e fala sério,
Todo Exu que desfaz é porque faz,
Todo Exu é um feiticeiro, nem todo feiticeiro é um Exu.
Quando eu faço, desfaço demanda e desmancho quebranto.

Como quebrar trabalhos feitos em ruas, meios-fios, passagens, portas e portões, sem prejudicar ainda mais as almas aflitas escravizadas, imantadas nos elementos ofertados?

O burro maltratado, exausto e desnutrido, que puxa uma carroça cheia de estrume, não é o responsável pelo fedor. Não foi o burrico que colocou a sujeira na carroça. As almas aflitas que puxam os feitiços dos despachos, potencializando-os na aura dos humanos, encilhados obrigatoriamente nos duplos etéreos dos elementos, não são os responsáveis.

Antes de quebrarmos esses feitiços no estrondo de pedra com pedra, cortamos os encilhos que os aprisionam nos feitiços. Que encilhos seriam estes? Para o carnívoro, o encilho do bife cru. Para o vampiro, o sangue dos animais. Para o alcoólatra, a libação da cachaça. Para o sexólatra, o prurido genital. Para o avarento, as moedas. Assim em diante. São tantos, que cabe a Exu o momento de parar. Cada alma aflita aprisiona-se e é vítima de seu próprio encilhamento. Desencilhamos as cordas energéticas que as mantinham presas aos feitiços e as encaminhamos para as zonas de tratamento. Receberão atendimento especializado. A partir daí não é mais com Exu, pois estaremos correndo gira em outras paragens.

Por que os Exus de Lei, agentes executores dos destinos, de fato e de direito atuantes na Umbanda, tiveram que se preparar em uma Escola no Astral?

Os médicos atendem nas emergências hospitalares sem obterem a graduação na faculdade de medicina? O engenheiro projeta sem saber somar? Os pilotos de avião são analfabetos? O mecânico de bicicleta conserta submarino nuclear? Nenhum espírito sabe tudo. As escolas de Umbanda no Astral não são só para os Exus, são para todos, cada uma na sua especialidade de formação.

Todas as consciências que se ancoram numa forma de apresentação espiritual na Umbanda se condicionaram em intenso preparo, com estudo e prática, antes de assumirem suas tarefas e obterem a outorga que lhes dá o direito de baixarem em seus médiuns nos terreiros. Se ainda em muitos centros umbandistas na Terra não existem estudos, se não dão importância para uma "escola" mediúnica, se os seus médiuns já saem baixando Exu, sacolejando, retorcidos, cheio de esgares e gestos descontrolados, será improvável que aí baixe de fato um Exu de Lei. Povo umbandista, estudar é preciso.

Quem elabora e como são preparados os planos de retificação dos destinos individuais?

Os Mestres Cármicos elaboram e planejam minuciosamente o programa de vida de cada espírito reencarnante. A retificação do destino é um alinhamento do sujeito com seu propósito existencial, corrigindo o rumo, colocando-o novamente no prumo, reaproximando-o da organização das Leis Divinas para a sua própria serenidade e progresso espiritual.

Cabe-nos, enquanto executores dos destinos, fiscalizarmos qualquer desorganização individual e, notadamente, individual com impacto coletivo. Como o ser humano, via de regra, é um agente psicobiossocial com relações interpessoais, quase todo ato seu tem uma reação que abrange outros seres.

Não permitimos que o trem condutor da vida humana no planeta descarrilhe. Exu mantém os trilhos sempre no lugar para que cada criatura possa chegar à estação da autorrealização e daí acesse planeta superior que o ciclo de sofrimentos não dependa tão somente de nascer, crescer, envelhecer e morrer. Renascer, crescer, envelhecer e morrer. Renascer... Alforria, finalmente não serás mais escravo!

Afinal, as entidades das Trevas, que sempre se insurgem contra a organização do Cosmo e se afastam de suas Leis, podem ser sumariamente removidas para planetas inferiores? Por que não acabarmos logo com todas estas demandas e desmanchos? Quando sanearemos definitivamente as regiões do umbral inferior?

Se você não tomar um banho continuará fedorento. Similarmente, a presença de um princípio legislador de causa e efeito determina que se não cessarem as causas não se exterminam os efeitos. Os destinos humanos não são determinismo pétreo. Se assim o fosse não teria nossa ação retificadora, seria meramente cada um por si. Consideremos o livre-arbítrio de cada indivíduo, que tece a obrigação de se colher conforme a semeadura. Demonstra a magnânima Mente Universal a sua infinita sabedoria ao estabelecer que, se a causa fundamental é funesta, há que se colherem frutos igualmente funestos, jamais colherão figos maduros e doces se foram plantadas pimentas bravas.

A causa primária que mantém as comunidades rebeladas no umbral inferior é gerada pelos atos insanos dos encarnados da crosta. Em simbiose, como pulmão tuberculoso de indivíduo que não deixa de fumar: de nada adianta se extirpar o órgão sem alterar-se o hábito nefasto de ingerir fumaça de cigarro. Assim, pela lei de afinidade, somente mudando as ações dos espíritos encarnados conseguiremos modificar a sintonia dos que vivem em cima com os mortos de baixo. Se tivéssemos a simplória possibilidade de transferirmos a sujeira para baixo do tapete, mandando todos para um planeta inferior, a sala da humanidade ficaria vazia, tantos são os sujos encarnados e desencarnados.

Explique-nos sobre as linhas de forças etéreas, contrapartidas vibratórias das ruas urbanas. Por que são o campo preferencial de ação?

As formigas fazem rastros no solo, tanto maiores quanto mais próximos dos formigueiros. Os locais em que as pessoas caminham com regularidade ficam impregnados de um rastro vibratório. Se a pisada de uma formiga marca o solo, os pensamentos abrem buracos no éter. As moléculas astralinas balançam com as emissões mentais dos homens, assim como a corda do violão se movimenta ao menor toque.

Com a aglomeração de pensamentos dos transeuntes que passam pelas ruas, tanto mais se formam estas linhas etéreas. Um cardume movimenta o mar, assim como quanto mais pessoas, mais ondas vibracionais no éter. Conhece os Exus Formiga? São exímios rastreadores e conseguem localizar no éter a menor pegada. Tal como as formigas, representam a incansável força coletiva de trabalho. Simbolizam que um pequeno e solitário ser pode não deixar pegadas, mas que em bando, muitos reunidos são capazes de abrir estradas e cavar masmorras aos vícios das almas.

Os despachos são feitos em ruas para abrir ou fechar esses rastros, abrir ou fechar caminhos dos passantes, fortalecer ou destroncar pés, abrir ou fechar a concretização de escolhas pessoais. Como as humanas criaturas pensam, na sua maioria, querem tudo aberto para elas e tudo fechado para os outros. Arriar despachos nas ruas é jogar lenha acesa em rastro de querosene. Todo feitiço que pega, foi o afim que atraiu seu afim. Meu campo de ação é preferencial nesses locais porque as pessoas são duras feito pedras. É mais fácil quebrarmos um feitiço brabo no meio fio de paralelepípedo, do que amolecer a dureza dos pensamentos inferiores da grande massa humana que caminha nos centros urbanos.

E os Exus Treme Terra?

São Exus de Lei, empoderados na irradiação dos Orixás Omulu e Iansã, senhores dos elementos terra e ar. São exímios descarregadores de fluidos densos e agem causando a trepidação do éter. Imagine uma manada de búfalos correndo em terra seca, até os troncos mais grossos de árvores balançam. É o que os magos feiticeiros mais temem, quando a falange de Treme Terra chega a seus domínios. Fazem trepidar os duplos etéreos dos despachos. Deslocam-nos e os deixam em suspensão no éter, o que facilita o trabalho de quebrá-los pelos Exus Pedra Negra.

Exu Formiga localiza o rastro do feitiço. Exu Treme Terra faz o terremoto e tira tudo do lugar. Exu Pedra Negra quebra em pedacinho os castelinhos de areia dos magos feiticeiros, não fica pedra sobre pedra, ou melhor, grão sobre grão.

Quais os compromissos que o vinculam ao terreiro de Umbanda que o senhor assiste na Terra?

Fui escalado para me vincular a esse terreiro, por que nele há o esforço de uma comunidade, que busca construir espiritualidade ética para elevar o caráter humano, sem atacar ninguém. Reaprendo com eles o que deixei de ensinar aos meus quando estive no paletó de carne e fui um xamã. Fortaleço o meu próprio caráter para reencarnar melhor do que quando desencarnei. Tenha certeza absoluta, se eles falharem eu não falharei, pois como um Exu de Lei não serei arrastado novamente para o vale petrificado dos fracassados teimosos. Por outro lado, a vitória deles enquanto eu estiver cumprindo meu tempo de serviço, será também a minha vitória.

Antes que você me pergunte, se Jesus reencarnou, eu digo sim, Exus de Lei também reencarnam, não acredite em tudo que os pseudomestres ensinam. Quando falo ser humano não entenda só encarnados. Refiro-me aos espíritos humanizados, sejam encarnados ou não. Como guardião do portão de entrada para fora, de uma casa de Oxalá, me reporto ao Senhor Tiriri Rei das Encruzilhadas, o Exu Chefe do Terreiro. Ora, se tem um Guia Chefe Caboclo ou Pai Velho, qual o motivo para não se ter um Exu Chefe? Preconceito, preconceito, preconceito... Vinculado a um propósito coletivo, a cada feitiço que quebro e desmancho, reconstruo em meu destino o que destruí, ao destruir os outros em minha última estada terrena.

Pedra com pedra.
Lasco faísca.
Faísca eu lasco.
Feitiço quebrado.
Desmancho no urro e no brado.
Sou Pedra Negra, Exu brabo.
Faço desfazendo.
Desfaço fazendo.
Sigo semeando e colhendo.
No Reino de Exu, feliz vivendo.

É correto vocês saberem antecipadamente, as mais secretas ações e desmazelos morais dos consulentes?
O correto na ação de Exu quase nunca é o correto diante os julgamentos dos homens. O correto para vocês geralmente é o incorreto diante as Leis Cósmicas. Exu não é o juiz, mas é agente corregedor dele, implementa a correção nos espíritos faltosos. Se Exu é quem executa a ação correcional, é certo que o juiz que a sentenciou se baseou em correto inquérito, tendo todas as informações verdadeiras sobre o sentenciado, espírito imortal faltoso. Exu é diligente, ele faz a sindicância para os magistrados do astral, por isto ele sabe o que tem que saber.

Não adianta ser mascarado para Exu: o pai de família esconde sua preferência por outros homens e faz programas sempre que viaja; a mulher nas tardes insossas, entediada, diz que vai para o clube e se encontra com o jovem amante em requintado motel; a moça fez aborto sigiloso e se diz casta no encontro de missionários na igreja;

o sacerdote religioso venal desvia o dízimo em proveito próprio; a mãe de santo é indulgente com o filho de mau-caráter, pois ele tem alta renda e contribui nas festas mais que os outros; o consulente se vitima na secretaria do terreiro e diz não poder se associar, na frente do Caboclo pede benesses e não declara que paga secretamente sua cartomante para trabalhos no campo do amor...

O que é correto? O que é incorreto? O executor dos destinos tem acesso irrestrito às mazelas humanas, tal qual o tesoureiro do banco tem a chave do cofre principal ou o médico aos raios X do organismo enfermo. Pode crer, nada é velado no Reino de Exu.

O que é um desdobramento na Hora Grande?
É o desdobramento espiritual induzido após a meia-noite. O horário que a humanidade mais dorme é quando Exu está mais acordado, com os olhos bem abertos. Quando vocês estão acordados, dormimos com um olho aberto e outro fechado. É durante a noite que as sombras do inconsciente criam força. Bilhões de seres humanos fora do corpo físico dão vazão aos seus instintos e desejos reprimidos. Mais de dois terços da humanidade está não desperto para a espiritualidade maior, hibernando na busca desenfreada de satisfação dos sentidos. Quando se rompe a barreira das máscaras diárias impostas pelos papeis sociais, o que vocês aparentam ser e não são – hipocrisias comuns no estado de vigília – o verdadeiro ser acorda.

É à noite que acontece enorme movimentação nas zonas do umbral inferior, visitada por hordas de encarnados desdobrados, insanos de olhos esgazeados, que se movimentam desenfreados na ânsia de satisfação de prazeres que não conseguem realizar no corpo físico. Por isto, todo feiticeiro faz seus feitiços a noite, como ave de rapina noturna, caça as vítimas para se alimentar. Exu está sempre desperto, seja dia, seja noite, seja meio-dia, seja meia-noite. Mas à noite, o Reino de Exu está em plena atividade.

Exu serve a todos os Orixás indistintamente, relatando-lhes tudo, somando-se em múltiplas atribuições. A tarefa que mais se destaca é ser "a boca coletiva dos Orixás", Exu Enú Gbáríjo, o que fala por todos. O Próprio Criador serve-se de Exu, sua criação, como Exu Ôsijê, o mensageiro divino, o distribuidor das ordens de Olodumaré, o oficial de justiça de Deus. Na tentativa de agradar Exu e obter o aumento de suas forças magísticas, muitos chefes de Umbanda e Babalorixás africanistas excedem-se na medida de pimenta, esquentam demais o axé. Iludem-se, querem ser mais poderosos e provocam uma série de eventos que lhes fogem ao controle e, pior, escapa-lhes a compreensão. Exu se submeteria a minha vontade? Responderia a rios de sangue derramado?

A queda do Pai de Segredo

Desde cedo, todo Babalaô aprende que Exu está repartido em infinitos pedaços, presente em todos os níveis ou dimensões do Plano Espiritual. Exu vai até o fim do mundo, a partir do início, só que ninguém sabe onde inicia e finda os seus caminhos. É uma espiral, símbolo do infinito. Não por acaso também é chamado de esfera, por não ter início nem fim.

Você se considera um sacerdote dos Orixás e não compreendeu verdadeiramente o povo de Exu. Segundo dizem os Elegbaras ou Eleguáras, os donos do poder, você pode até ser um sacerdote de alguma coisa, mas perante o Orixá você não é nada. Você é reconhecido como um sacerdote dos Orixás e entende o povo de Exu, por ter recebido adequada instrução iniciática, entretanto falha no uso do poder que lhe foi outorgado – seja por falta ou por excesso da medida neste uso –, você caiu num precipício muito, muito fundo e não chegará até o chão sem antes se despedaçar durante a queda.

Vou contar brevemente como caí no buraco e tive o poder reorganizador de Exu tapando-o de terra, como o adestrado coveiro do cemitério público enterra um cadáver indigente. Fui criado numa família conservadora africana, exemplo da tradicional religião iorubá. Não tínhamos a malícia nem o falso puritanismo dos colonizadores brancos. Desde cedo aprendemos que ter muitos filhos é bom e proveitoso para a coletividade. Vivíamos em comunidade, uma cultura vigente de caça e plantio. Quanto mais braços fortes e adestrados para trabalharem no solo, já que tínhamos ferramentas de metal, ou firmes para esticar um arco, mais prósperos éramos.

O domínio e o manejo do ferro trouxeram-nos independência agrícola e pujança nas guerras. Tínhamos escudos, espadas e lanças. Chegamos a ser um império. Quando a colheita era boa, o mercado respondia generosamente com muitos búzios – moedas. Todos se conheciam e se ajudavam. Os preguiçosos, os mentirosos e os que não cumpriam as promessas eram menosprezados pelos mais velhos e até podiam ser expulsos da comunidade. A palavra proferida é lei, dizem-nos os anciões.

Para quase tudo meu pai se orientava com o Babalaô, o Pai de Segredo da nossa família. Esse iniciado consultava Orunmilá, o Orixá do Destino, que tudo sabia desde os primórdios da humanidade. É a divindade que comanda o oráculo de Ifá e que tem acesso direto a Exu, para sermos informado dos vaticínios dos Orixás para cada um de nós, em todos os níveis de nossa vida, do Orum – espiritual – ao Aiyê – físico. A consulta com o Babalaô era comum, feita com respeito e devoção, para saber os desígnios dos Orixás para as questões mais diversas como saúde, trabalho, casamento, política, conflitos, fertilidades, negócios...

Exu trazia as mensagens: qual a oferenda, quais os remédios, ervas e plantas, tipos de emplastros, unguentos e banhos, comidas votivas e se estivéssemos doentes, comunicava os elementos e recursos litúrgicos para curar o físico arrumando o espiritual. Uma folha cantada não tinha só indicação medicinal, ganhava poderes mágicos. Exu respondia numa infinitesimal fração de tempo. Exu auxiliava Orunmilá na busca das respostas, era o seu fiel mensageiro. Nada na Criação seria tão eficiente e rápido quanto esta união, quase onipresente: a "boca que tudo fala" parceira do "olho que tudo vê" – Exu e Orunmilá juntos.

Eu admirava o Babalaô de nossa comunidade e sentia uma espécie de comichão sempre que adentrava na sua humilde casa. Todo o meu corpo principiava em leve tremelico. Na minha estreiteza de moleque não percebia a grandeza daquele pequeno homem de cabeça branca, já um pouco curvado pela ação do tempo em seus ossos. Perguntava-me como uma choupana tão singela podia atrair tanta gente. Estava sempre apinhada. O homem era pobre materialmente, mas de uma riqueza espiritual indescritível. Todos os búzios que recebia serviam-lhes para comer modestamente e comprar os materiais de uso litúrgico, que não eram poucos. O Babalaô não caçava, era o mago e médico de todos. Não tinha força física, pela avançada idade, de ir ao mato colher folhas diariamente. Para isto, remunerava outros mais jovens, caçadores e o sacerdote das ervas. O que sobrava do ganho distribuía aos mais necessitados. Muita gente dependia dele para morar e comer, especialmente os idosos e mães viúvas com filhos pequenos. Além de seu imensurável saber, era amado pela sua extrema simplicidade. Sua casa estava sempre cheia de consulentes e vazia de ostentação. Nem o palácio do Rei era tão frequentado. Austeridade, renúncia, elevado caráter, palavra honrada, eram muito os atributos deste grande pequeno homem.

Certa vez eu aguardava meu pai na pequena antessala do Babalaô. Ele se encontrava sentado e trabalhava com o oráculo na terra branca, uma espécie de pó que ele espalhava no Opon-Ifá, tábua sagrada feita de madeira, ao qual fazia uns traçados com a ponta do dedo indicador: um risco, dois riscos... Não tinha uma sequência previsível. Eu estava fascinado olhando-o e começou-me a crescer um vazio na cabeça, àqueles tremeliques no corpo, apaguei e me estatelei no chão. Nesse mesmo dia e hora do meu apagão, meu pai acertava com o Babalaô o meu oferecimento para Orunmilá. Eu ia para a Confraria dos Babalaôs e não sabia, eram os vaticínios que faziam parte de minha predestinação desde o meu nascimento. Fui tomado pela força do Orixá Exu no momento que o Babalaô fazia a intepretação dos traçados no pó branco. A previsão de meu avô estava correta, eu era de Exu e seria um Babalaô completo nesta vida e ao mesmo tempo um sacerdote do Orixá Exu.

O apagão que eu tive não foi uma incorporação. A força da essência do Orixá se apropriou de minha cabeça e a consciência ordinária adormeceu. Eu não seria um elegun, aquele que entra em transe com o Orixá, mas eu teria a valência e a entronização no Reino de Exu para invocá-lo, sem ter o advento do transe mais bruto. Disse-me o avô querido, quando cheguei de volta, que eu era abençoado e por isso teria grande responsabilidade. Neste mesmo dia, meu pai autorizou o meu ingresso na Confraria de Babalaôs. Eu estava com 10 anos e alguns dias depois fui apresentado ao meu mestre de iniciação, que me acompanharia até a minha consagração final.

Nunca me esquecerei do tecido branco que passou a ser a minha roupa e da cabeça raspada, os restos de cabelos jogados aos ventos, nas águas, enterrados na terra e queimados no fogo, simbolizando a morte de minha personalidade e o nascimento de um novo ser, dedicado aos Senhores Regentes dos Elementos, totalmente voltado para o sagrado de nossa ancestralidade. Era o que eu deveria ter sido, mas fui derrotado pelo falso ego, a ilusão que nos faz pensar ser o que não somos, projetando assim uma falsa imagem e daí manipulando os outros para que ajam de acordo com este ser ilusório, à semelhança do fantoche que à noite é confundido com o verdadeiro homem. Quase vinte anos se passaram de uma vida de reclusão e muito estudo.

Já homem feito, decorara todos os provérbios, milhares de rimas, rezas e cantigas ritmadas com poderes encantatórios. Tinha superado todas as duras provas de memorização aos quais um genuíno Babalaô tem que vivenciar. Sabia identificar, com a velocidade de um raio, os caminhos pelo conjunto de signos de Ifá, os Odus. Predizia augúrios ruins e bons com a precisão do olhar de uma coruja à noite e a destreza de um macaco pulando de galho em galho. Prescrevia ervas, detalhava oferendas rituais, recitava liturgias propiciatórias para os mais diversos fins. Finalmente me consideraram pronto.

Nunca esquecerei o que me disse em minha consagração, o mais velho dos Babalaôs de nossa confraria, num sussurro ao pé do ouvido, como era o nosso método de transmissão de saber: "Não deixa a vaidade chegar para a paciência ser vencedora. Está só no começo, tudo até agora foi só um treino, você será por demais testado". Os primeiros cinco anos foram auspiciosos.

Para um jovem Babalaô, sai-me muito bem e poucas vezes recorri aos mais antigos, ao saber dos anciões. Já me fermentava a vaidade e o bestial orgulho. Não admitia pedir ajuda. Não sabia que o meu grande teste ocorreria no sétimo ano.

Tivemos uma seca como nunca antes vista. Eu fui muito solicitado. Há que se entender que todas as demandas da comunidade, quanto à intermediação com os Orixás, passam pelo olhar de Orunmilá e pela boca de Exu, o mensageiro e comunicador dos Orixás. Por sua vez, cada Orixá possui o seu Exu, servindo-lhe de auxiliar, trazendo e levando as notícias do Criador.

Exu serve a todos os Orixás indistintamente, relatando-lhes tudo, somando-se em múltiplas atribuições. A tarefa que mais se destaca é ser a boca coletiva dos Orixás, Exu Enú Gbáríjo, o que fala por todos. O Próprio Criador serve-se de Exu, sua criação, como Exu Ôsijê, o mensageiro divino, o distribuidor das ordens de Olodumaré, o oficial de justiça de Deus. Desde cedo, todo Babalaô aprende que Exu está repartido em infinitos pedaços, presente em todos os níveis ou dimensões do Plano Espiritual. Exu vai até o fim do mundo, a partir do início, só que ninguém sabe onde inicia e finda os seus caminhos. É uma espiral, símbolo do infinito. Não por acaso também é chamado de esfera, por não ter início nem fim.

Enfim, a seca estava dizimando os campos e o povo estava passando fome. A caça e a água eram cada vez mais escassas. Eu me deixei pressionar, fiquei impaciente e cometi meu primeiro e grande erro: fiz as oferendas não respeitando as quantidades adequadas preceituadas nas tradições. Aumentei-as propositadamente, esquecendo-me que seria desastroso, pois o que é demais é inimigo do necessário. A vaidade não me deixava refletir sobre a possibilidade de falhar, de aceitar não ser capaz de resolver as misérias do povo pela grave estiagem. Como me veriam? Um Babalaô fraco? A vaidade matara a paciência e eu não podia esperar. Acostumado com os elogios exasperava-me a possibilidade de ser rejeitado. Por outro lado, se chovesse demais numa situação de seca, eu seria reconhecido mais ainda como poderoso Babalaô, mesmo que causasse algum dano.

Movido pelo orgulho, não tive medo de esquentar o chão com as oferendas em excesso. Se houvesse um hiperaxé que causasse chuva em demasia, nada tinha a perder. Não correria o risco de ser mão fraca. Choveu, choveu e choveu! As imensas oferendas sacrificiais de inúmeros animais de quatro pés deram efeito. O rio de sangue quente que derramei no solo abrasado e seco molhou a terra e as águas verteram do alto respondendo as invocações feitas. Não sabia que estaria provocando uma sucessão de eventos que causariam a minha desgraça. Não se faz experiência com o poder de Exu, não se brinca de estagiário no seu laboratório de química transcendental. O passo inicial para a minha queda fora dado.

A dependência do sangue

Eu estava cego como um morcego, só me interessava pelo sangue e pelo poder. Continuei a sacrificar e passei a invocar a força das mães feiticeiras. Não pedia para Exu, eu invocava o pássaro negro para conseguir realizar a vontade dos consulentes. Não enxergava as prescrições no pó do tabuleiro, só via as asas enormes do grande ave que cada vez mais me possuía e eu cada vez mais o alimentava com sangue.

Entendam, na tentativa de agradar Exu e obter o aumento de suas forças magísticas, muitos chefes de Umbanda e Babalorixás africanistas excedem-se na medida de pimenta, esquentam demais o axé. Iludem-se, querem ser mais poderosos e provocam uma série de eventos que lhes fogem ao controle e, pior, escapa-lhes a compreensão. Aprendi desde cedo, na Confraria dos Babalaôs, com os mais velhos e consagrados no tempo, sábios sacerdotes, que para se fazer um Ebó, inda mais se for para Exu, tudo que a boca come, é preciso esgotar-se todas as possibilidades litúrgicas com as folhas. O Ejé animal, o sangue, poderia ser usado em casos extremos e com muita parcimônia. Esta era a tradição da época, este era um fundamento no contexto religioso que vivíamos.

Voltemos a minha narrativa fatídica. Após as chuvas a comunidade voltou à calmaria. Os homens plantavam na terra e as mulheres lavavam roupas nas beiras dos rios. O solo estava úmido e fofo, receptivo e fértil, esperando as sementes, como útero sagrado da mãe terra aguardando ser penetrado pelo espermatozoide. No primeiro dia que voltei às consultas, percebi que os Orixás estavam mudos. Não consegui fazer os diagnósticos prescritivos com precisão. Exu estava quieto, assustadoramente quieto. Levantei-me e fui até a janela, observei as copas das árvores, nenhuma folha balançava, nenhum pássaro cantava, nem uma borboleta vaova. Saí da casa e fui até o formigueiro nos fundos, todas as formigas haviam sumido.

Eu tinha um claro e inequívoco sinal que errara feio. Somente o perdão de Exu, minha humildade e o auxílio dos mais velhos eu teria uma chance de retomar a sintonia e a Sua força estaria comigo novamente. Voltei para a casa e sentei-me no Opon-Ifá. Pensei que se eu estudara tanto, era um homem casto até o momento, não tinha casado, embora tivesse promessas de reis com suas filhas donzelas, porque precisaria pedir ajuda? Continuava com a memória prodigiosa, sabia todos os preceitos na ponta da língua, os provérbios e versos faziam partes do meu ser, porque precisaria pedir ajuda? Decidi continuar sozinho e não obtive os mesmos resultados.

As pessoas começaram a desconfiar. A língua do povo era mais afiada que ferrão de marimbondo. Por mais que batesse o Irofá, o instrumento para despertar os Odus, os signos de Ifá, no tabuleiro, o Ipon, eles continuavam mudos. Exu não permitia que as mensagens me chegassem, se é que havia alguma. Minhas encruzilhadas estavam fechadas, precisava agradar o mensageiro, fazer-lhe um mimo, não iria recorrer aos mais velhos para corrigir esta situação, não me submeteria a ceder para outros a minha clientela. A solução que encontrei para abrir os caminhos foi aumentar a quantidade de ejé – sangue. Cada vez mais eu sacrificava e como um enfermo terminal tomado pela infecção, o antibiótico não surtia efeito. Na cega vaidade que me encontrava, subestimara com extrema arrogância a força da natureza cósmica que Exu é controlador.

Exu é dotado de tamanho poder pelo Criador, ele é o guardião da casa de Oxalá, dá passagem ou não à sua porta, faz a vida se movimentar e é o grande organizador do Cosmo, o fiel reordenador da vida humana, àquele que nos reenceta na correta execução de nossos destinos. Exu se submeteria a minha vontade? Responderia a rios de sangue derramado? Desrespeitá-lo é ir contra a harmonia da própria Criação e auferir o efeito de retorno da desarmonia que causamos. Eu estava cego como um morcego, só me interessava pelo sangue e pelo poder.

Continuei a sacrificar e passei a invocar a força das Iyami Oxorongá, as mães feiticeiras. Não pedia mais para Exu. Diante o seu silêncio, comecei a invocar o pássaro negro para conseguir realizar a vontade dos consulentes. Não enxergava as prescrições no pó do tabuleiro, só via as asas enormes do grande ave que cada vez mais me possuía e eu cada vez mais o alimentava com sangue.

As Iyami Oxorongá, inadvertidamente são tidas como os espíritos do mal, que operariam durante a noite para trazer sofrimentos e padecimentos aos seres humanos. Pertencem a uma esfera cosmogônica detentora de todo o poder de fertilidade da Mãe Terra, por isso são as Grandes Mães, no sentido de propiciar as condições do alimento a toda a vida planetária. As Senhoras da Noite, controlam as forças do magnetismo lunar e a concentração de prana nas folhas. Detentoras do poder de controle dos espíritos malévolos, mantendo-os contidos. Em sua essência original, não prejudicam os homens, mas para corrigi-los e reequilibra-los, quando se afastam das Leis Divinas e dos desígnios dos Orixás, liberam essas forças malévolas. Se as cultuarmos pedindo o mal, negativamos este portal para a ação dos espíritos trevosos, escravizando-os indevidamente. Ao negar Exu, eu não estava cultuando com devoção sincera as Grandes Mães. O que estava acontecendo comigo, e eu não sabia, era que eu virara um poderoso feiticeiro.

Os resultados dos ebós se mantiveram. Entretanto, os consulentes diminuíram. Notei que eu era olhado de soslaio, com desconfiança. Não eram as pessoas que tinham mudado, eu é que estava alterado e diferente. Esqueci-me totalmente que Exu tem seu aspecto vingador, age no lado negativo da polaridade de todos os Orixás, corrigindo os excessos, equilibrando as polaridades, botando cada coisa no seu lugar. Exu não deve ser temido. Sua ação negativadora não é punitiva. Não interprete que Exu faz o mal.

Como a maioria das pessoas não tem a consciência limpa, tememos a punição de Exu. Isto é uma grande inverdade, Exu não pune ninguém, apenas aplica o código ético e moral do Criador, ele é o grande fiscal cósmico, o Supremo Senhor dos Caminhos, ele é Lonan. Rege os movimentos, é guardião das estradas, encruzilhadas e bifurcações, é o dono dos caminhos. Estimula a aglomeração de pessoas ou tudo faz para a dispersão, comprime e dilata, reduz ou amplia. O mercado lhe é consagrado, as pessoas indo e vindo para comprar e vender. Aglomeração e dispersão no mesmo lugar, os encontros que geram trocas, fortunas, progresso, saúde e bem-estar. Exu nunca foi, nunca é ou nunca será omisso, dúbio, inseguro, duvidoso, traidor e aético. Seu retorno seria devastador para os meus caminhos.

Um dos filhos do rei, sua prole era imensa, precisamente o herdeiro do trono, adoeceu inesperadamente, sem nenhuma explicação plausível. No mesmo dia que caiu enfermo, um dos leões da casa real misteriosamente se solta e ataca uma das esposas do rei, que veio a morrer com o pescoço quebrado e com muitas dilacerações. Foi um rio de sangue próximo ao quarto do rei.

Como eu ainda era o Babalaô da comunidade, embora o Rei tivesse o seu Babalaô particular, mas o mesmo se encontrava ausente em viagem para atender a irmã do monarca, eu fui chamado. Atendi o menino no seu quarto e, sem a resposta dos Orixás, não sabia o que fazer. Diante tamanha pressão, todos esperando uma solução mágica, a minha vaidade falou mais alto, apelei para o que estava condicionado, o abastardo sacrifício animal. Só que eu não sabia que um dos assistentes reais, um jovem aprendiz da arte oracular, se encontrava as escondidas e me vigiava, a pedido do Rei.

Quando o Rei foi informado que eu procedia a um rito de feitiçaria, mesmo com o filho curado, fui sumariamente preso. Alguns dias depois fui julgado, diante todos e perante os mais velhos Babalaôs, que vieram das demais comunidades. Resumindo o conto de horror, fui expulso da Confraria dos Babalaôs. Em respeito à memória de meus ancestrais, pelos inestimáveis serviços a nossa cultura e tradição, não fui sentenciado à morte, mas tive que me afastar de toda e qualquer comunidade do império iorubá, fui descartado como um pária, um ninguém e deveria viver sozinho. Como vocês dizem – um Zé Ruela.

A pena de ser excluído da vivência comunal é o pior castigo que poder ser dado a um Iorubá. Imputada ao Babalaô é o ápice da desonra. Ao ser reconhecido como um feiticeiro escuso – manchei todo o meu povo e ancestralidade. Minha vaidade foi mortalmente ferida, seria melhor ter morrido em carne e osso. O ódio incendiou em meu coração e ao sair dos muros da casa real fui impedido de ir até a minha casa. Tive que ir embora só com a roupa do corpo e com o que pudesse carregar com as mãos. Ao me distanciar, escutei as batidas de grandes asas em cima de mim. Não vi o pássaro gigante, só a sombra escura que se formou tapando a luz do Sol e levantando poeira. Notei que por onde passava os insetos morriam, as flores ressecavam e os frutos caiam murchos das árvores. Senti um prazer indescritível, o gozo do poder. Continuei a caminhar para frente sem olhar para trás. Eu me bastava, eu tinha a força da feitiçaria.

A escravidão aos feiticeiros

Envelheci rico e saudável, mas pobre de religião e doente do espírito. Como a nossa cultura valorizava muito os mais velhos, ao me tornar um velho feiticeiro longevo, minha fama alcançou distâncias que nunca imaginara. Vinham até príncipes e reis de outras línguas me procurar. Mas eu estava só, irremediavelmente sem ninguém. As criaturas tinham medo e pavor de mim. Só me procuravam pelo poder do feiticeiro. Discerni que eu nada valia, só o poder interessava aos outros.

Ao caminhar para fora da cidade, as pessoas que encontrava no caminho, meus antigos devotos, baixavam a cabeça e fingiam que não me viam. Não era só desprezo e indiferença, era mais o medo e daí o respeito pelo temor. Eu gostei desta reverência às avessas. Mesmo os fortes caçadores ficavam em silêncio e até se mostravam cautelosos.

O povo iorubano teme enormemente a morte e os feiticeiros, que a simbolizam. Nossa cultura religiosa é uma louvação à vida e ninguém pensa no que ocorre após morrermos. Importa viver o momento presente, ter vida longa e honrada, preferencialmente com uma prole extensa. Sermos lembrados como ancestrais ilustres, que pisaram a terra e foram exemplos de virtude e caráter, são valores impregnados no modo de ser vigente. A valorização à vida, tão presente sem a transcendência do corpo físico, fez que temêssemos a morte, como crianças que se apavoram diante as histórias de terror e almas penadas do outro mundo.

Eu representava a morte. Eu a causara com feitiço, logo me temiam, o que me causava profundo gosto e apego ao poder. Assim como as nuvens tapam o Sol, meu ego em gozo cegara minha capacidade de discernimento e bloqueara a luz de meu Ori – espírito. Resoluto, decidi que nunca seria a caça de ninguém, jamais uma presa. Eu caçaria as cabeças, não precisava de ninguém, eu seria o representante de tudo que causasse a morte, a infertilidade, a escassez e as doenças. Viveria sozinho. A feitiçaria me alimentaria.

Lembrei-me que a minha família, havia tempo, abandonara uma pequena choupana, que outrora fora utilizada como entreposto de caça. Era uma choça feita de barro e ramos com telhado de folhas de palmeira. Antigamente servia para os caçadores dormirem, enquanto secavam as peles dos animais e vísceras descarnadas. As partes boas das carnes eram desidratadas ao sol. Boa era tudo que podia ser comido. Meus irmãos haviam optado por serem hábeis comerciantes, preferiram intermediar a venda de peles, dentes e ossos dos animais em vez de caçar a bicharada.

Após três dias de caminhada, dormindo entre as macegas sob magnífico luar estrelado das pradarias africanas, cheguei ao pequeno casebre. Sobrevivia colhendo frutos e tubérculos silvestres, comia amendoim e tomava água do poço. Vestia-me com restos de peles de felinos que encontrei intactas no alçapão secreto de nossa família. Passados alguns dias, talvez meses, não sabia ao certo, fui procurado por um rico atacadista de peles, de família tradicional ligada ao mercado, e descobrira que seu filho mais velho se apaixonara por uma mulher de classe inferior e, o que mais o deixava com ódio, a tal já pertencera a outro homem. Pediu-me para que o livrasse da dita cuja, pagaria o que fosse pedido, o preço não era problema.

Fiz o meu primeiro feitiço como feiticeiro assumido e ainda fiquei rico e famoso. Em pouco tempo a fulana foi infectada com uma peste horrorosa, todo o seu corpo se transformou num jorro de pus, bolhas fétidas explodiram em sua linda pele. A potência e a rapidez que o feitiço pegou, foi falatório que correu de boca em boca. O rico caçador era bem relacionado nos mercados das diversas comunidades. Fiquei positivamente mal-afamado e, a partir de então, apareceram-me clientes como se fossem larvas se multiplicando na carne podre. Minha singela choça transformou-se em pouco tempo no castelo do pássaro da noite. Eu era procurado por toda a iorubalândia, vinha gente pedindo feitiço de muito longe e ninguém era pobretão. Eu era buscado para os fins mais nefastos e secretos de uma elite hipócrita e bem-sucedida.

Um irmão herdeiro de trono – todos os proprietários de terras eram pequenos reis – desejava a coroa do irmão mais velho, ambição comum nas disputas de sucessão hereditária. Numa cultura patriarcal, as mulheres desejavam os homens mais ricos e que pudessem sustentá-las em seus séquitos de esposas. Outras desejam causar infertilidade nas esposas que concorriam com a preferência do leito marital, pois as que não podiam ter filhos caiam em desgraça. O sexo tinha a finalidade de procriação e os varões tinham quantas esposas pudessem sustentar. Já as mulheres só podiam ter um esposo e deveriam ser fiéis ao mesmo pelo resto da vida. Mulheres adoeciam com o útero sangrando, outras com pestilência geral. Havia ainda as que de uma hora para outra eram flagradas em adultério e caiam na vida fácil. A força e a valência dos meus feitiços impressionavam. A clientela aumentava cada vez mais.

Recusava-me a atender pedidos de cura. Afinal, para isso existiam os Babalaôs. Meu interesse era só por desgraças, coisa forte. Transformei-me num carniceiro, tudo fazia vertendo rios de sangue na terra. Seria um morcego esfomeado? Tinha dúvidas se eu era um ser humano, tal as barbaridades que fazia.

Envelheci rico e saudável, mas pobre de religião e doente do espírito. Como a nossa cultura valorizava muito os mais velhos, ao me tornar um velho feiticeiro longevo, minha fama alcançou distâncias que nunca imaginara. Vinham até príncipes e reis de outras línguas me procurarem. Mas eu estava só, irremediavelmente sem ninguém. As criaturas tinham medo e pavor de mim. Só me procuravam pelo poder do feiticeiro. Entendi que eu nada valia, o que era procurado era o poder.

Certo dia, cansado e indisposto, com uma dor de cabeça de quebrar o jarro, sentei-me melancólico num banco de madeira em baixo de uma árvore próxima. Anoitecia e eu não me lembrava de ter-me sentido tão esgotado. Sonolento, uma memória de infância me ocupou a mente. Eu, um menino de uns 6 anos, pegava marimbondo no quiabeiro do meu avô e os colocava dentro das panelas de argila que ele fazia. Ia ao mato e caçava louva-a-deus e também o colocava na panela. Abria uma fresta na tampa e ficava olhando o inseto devorar o gafanhoto com suas garras potentes e afiadas. Eu queria ser como ele, forte e temido. Meu avô, a me ver com a panela no colo, pediu-me para destampa-la. Olhando-me com tristeza no semblante, disse o seguinte, com extrema austeridade e candura, se é que isto é possível:

— Meu filho, todo ser da Criação sente. Olodumaré, nosso Deus, sente por todos. Se eu apertar o seu dedo, você vai sentir dor e nosso Pai lá no Alto também. Nosso Deus sente o que um de nós sente, porque somos um pedacinho dele, como o tijolo é um pedaço do barro. Tudo o que fizermos aos menores dos seres, pagaremos com multa por sermos maiores. Nunca esqueça, meu filho, o que fazemos aos outros nos será cobrado, mesmo aos insetos. Seja sempre pequeno, nunca se faça grande.

Com essa lembrança firme, senti uma espada rasgar minha cabeça ao meio. Uma veia do cérebro se rompera e eu tive um derrame fulminante. No ato fatídico, o sangue explodiu dentro do meu crânio, era como se uma garra de louva-a-deus rasgasse os miolos. Dei um grito e cai para frente. Visualizei-me fora do corpo físico. Na porta de entrada da minha choça um enorme ser escurecido, com os braços que se transformavam em duas asas negras, balançou-os e parou bem a minha frente. Falou com uma voz que parecia um grunhido gutural:

– Agora você é meu. Tanto que te servi como se fosse um rato adestrado. Todos esses anos suportei a tua arrogância e poder mental dominador. Finalmente me liberto e te aprisiono, desgraçado. Agora você será meu escravo, você servirá como um vampiro na falange do pássaro da noite.

Nesse instante minha visão escureceu e eu apaguei. Fiquei com a vaga impressão, uma tênue visão, que de longe meu avô me observava, com um portentoso Exu ao seu lado. O avozinho, antigo Pai de Segredo, tinha lágrimas nos olhos. Exu ria! Ria muito. Gargalhava alto!

O fim do vampirismo espiritual

Eu me chamo Exu Destranca Rua das Almas. Sou o responsável por um grande número de feiticeiros africanos que vieram para esse lado do mundo. Aqui é o Brasil, outra pátria. Você ficou mais de trezentos anos decantando tuas negatividades no astral inferior, o tempo exato, na soma coletiva, da quantidade de vidas que você prejudicou apressando a morte com feitiço. Você agora poderá se preparar e vir a ser um Exu Morcego, sob a ação da Umbanda, um movimento e força maior, reguladora da Lei Divina, que frena a feitiçaria e reorganiza os destinos. Vou liberá-lo da escravidão, mas aqui nada cessa, tudo inicia. O trabalho para se retificar perante teus próprios erros o espera.

Na recente vida que tivera no corpo físico, traí a consagração que me fora concedida. Direcionei o poder de invocação sacerdotal para abrir e controlar um portal, que dominou espíritos em faixa vibratória contraria as tradições milenares. Meu dilatado poder mental subjugou estes infelizes distanciados do bem, ausentes de ações que edificam e nos aproximam de Deus. Minhas ações afastaram-me das Leis Divinas e minha ignorância vaidosa alicerçou um reinado escravizador, asseclas cegos que me odiavam. Ao direcionar a valência do meu comando verbal e magístico, que me fora dado para entoar sagrados mantras e forjara o meu Eledá* antes de renascer, para a mais vil feitiçaria, virei minha Coroa Mediúnica** às avessas. Aliás, será que isso acontece com certos zeladores em alguns terreiros? É fato! Isto não é nenhuma novidade.

O espírito que foi atraído e se vinculou em meu Ori***, odiava-me como Salomé odiara João Batista. Ao o atrair e dominá-lo pela força de minha magia coloquei minha cabeça numa bandeja. Além de mantê-lo prisioneiro contra a sua vontade, obriguei-o a ser o meu sargento no Plano Astral, um cumpridor de ordens imperiais. Prejudiquei enormemente seu propósito de vida ou predestinação, bloqueando-lhe a evolução. De certa maneira, agia como o menino de outrora que prendia os gafanhotos e se deleitava ao vê-los devorados. A falange do pássaro da noite, uma gigantesca organização trevosa, união de feiticeiros no Astral, estruturara uma teia energética, como hábil aranha devoradora, fazendo seus olhos e tentáculos espalhados por toda a África.

As entidades que compunham suas frentes se alimentavam do fluido vital do sangue. Eles mesmos, velhos feiticeiros, criaram suma dependência desse elemento, numa história de negativação das tradições que se perdia nos idos do tempo, desde que o primeiro homem matou um ser menor para aplacar a ira da natureza. Todos se rendiam aos poderes mentais dos mais severos feiticeiros encarnados; ora aqui, encarnados; ora acolá, desencarnados; enredados nas teias venenosas do derramamento de sangue.

Vou resumir meu relato para não parecer sensacionalista. Afinal, não é o objetivo desta obra. Literalmente, fui transformado

---

* Eledá: composição dos Orixás que rege a vida do sujeito e vibra na cabeça (Ori);

** Coroa Mediúnica: guias e falangeiros que fazem parte do Eledá;

*** Ori: núcleo do espírito que se estrutura a consciência. No entorno do Ori, como envoltório, temos a Coroa Mediúnica e o Eledá.

num vampiro, o que vocês estudiosos chamam de licantropia. Transformei-me numa espécie de lobo comedor de sangue e vísceras de despachos. O duplo etéreo do sangue precisava ser transportado, deslocando-o dos ebós até o local dos alvos dos feitiços. Tudo muito denso, quase como se estivéssemos na matéria. Como os feiticeiros agiam à margem da ação original do Orixá Exu, não tinham o influxo vibratório do Mensageiro Cósmico. Logo, os duplos dos elementos ficavam parados e podiam se deteriorar, pois estagnavam, não saiam do lugar. Eram necessários os transportadores, ou seriam mulas, os infames vampiros, escravos carregadores de sangue fluídico.

Por interferência de uma potência maior, a própria Lei de Ação e Reação, tornei-me eletivo para que o meu corpo astral se deteriorasse. Meus braços se transformaram em asas escuras e meus dedos em afiadas garras pontiagudas. Toda a minha superfície perispiritual foi ensacada numa segunda pele, como se fosse jogada dentro de uma enorme bolsa de canguru. Fui treinado por vampiros mais velhos a sugar o sangue fluídico. Quanto às vísceras, rasgava-as com as minhas garras e as comia vorazmente, numa fome que nunca era saciada.

Minha segunda pele se enchia de sangue, era um vampiro carrapato, ou estava mais para um bornal lotado. Assim transportava o sangue de lá para cá, de cá para lá. Voava de feitiço em feitiço, ou rastejava, pois às vezes batia as asas e tinha a impressão que me arrastava no chão úmido e fétido. A fome era insaciável. Enchia-me de sangue e retalhos de vísceras e logo adiante tinha que regurgita-las, minha pele perispiritual era como um escroto que ejaculava por cada orifício. Não sei por quanto tempo, quase não via nada, só a ideia fixa nos despachos sanguinolentos. Um ser peludo com asas, mãos em formas de garras e orelhas pontiagudas. Minha fisionomia era uma carantonha, como o reflexo de um espelho em túnel circense de horrores. Onde tinha sangue, eu era atraído e todos os poros vibravam, como o terremoto faz a terra balançar.

Certo dia, estávamos num enorme despacho de rua, numa grande encruzilhada. Muitos animais de quatro pés arriados. Vísceras expostas. Um banquete. Vários de nós foram atraídos sob o comando imprecatório do feiticeiro encarnado. Enfiávamos a cara nos bichos e sugávamos ao máximo. Era muito sangue para carregar e tínhamos que nos encher. Já não sentia prazer em chupar o sangue. Tão somente um cansaço, indescritível, abatia-se sobre meu deteriorado ser. Perdera toda a dignidade e referência, encontrava-me sem identidade, não sabia quem era. Só sei que qualquer inseto ou animal era mais do que eu.

Desejei ardentemente morrer, acabar com tudo. Pensei em Olorum e pedi misericórdia. Ato contínuo, repentinamente deu um clarão na encruzilhada. Tudo clareou. Não conhecia aquelas paragens. As construções eram diferentes. As casas não eram de barro e os telhados não eram de folhas secas de dendezeiro. Um jato de ar quente balançou-nos. Não sabia, mas sofríamos o impacto da fundanga, uma queima de pólvora. Um portentoso Exu estava bem no meio do encontro das ruas. Pisava nos ebós e girava sobre si mesmo com uma enorme capa vermelha esvoaçante. Africano, alto, forte e negro, usava cartola roxa e uma bengala dourada em uma das mãos. Ria alto, gargalhava com generoso esgar, dentes brancos que pareciam diamantes reluzentes.

Todo cenário sumiu rapidamente e eu fiquei ali, de joelhos. Neste momento, lembrei-me quem era. Escutei a vozinha de meu avô nos ouvidos que me disse: "Peça perdão, meu filho, renda-se. Escuta o que o Elegbara tem a te dizer. Esta é a tua última oportunidade". Recordei-me que a entidade na minha frente era a mesma que estava com o meu avô quando desencarnei, embora se vestisse com outros paramentos.

Comecei a chorar. Um choro convulsivo. Batia com as mãos no chão e pedi perdão. Não eram mais garras, eu não tinha mais asas, recuperara a minha forma perispiritual original, embora esquálido, fino que nem uma vara seca. Finalmente, o Guardião me falou:

– Eu me chamo Exu Destranca Rua das Almas. Sou o responsável por um grande número de feiticeiros africanos que vieram para este lado do mundo. Aqui é o Brasil, outra pátria. Você ficou mais de trezentos anos decantando tuas negatividades no astral inferior, o tempo exato, na soma coletiva, da quantidade de vidas que você prejudicou apressando a morte deles fazendo feitiço. Você agora poderá se preparar e vir a ser um Exu Morcego, sob a ação da Umbanda, um movimento e força maiores, reguladora da Lei Divina, que frena a feitiçaria e reorganiza os destinos. Vou liberá-lo dessa escravidão, mas aqui nada cessa, tudo inicia. O trabalho para retificar-se perante teus próprios erros o espera.

Escutei uma alta gargalhada e acompanhando-a, ao fundo, uma cantiga que desconhecia:

Deu um clarão na Encruzilhada
E do clarão surgiu uma gargalhada,
Não era o Sol,
Não era a Lua,
O que brilhava,
Era o mestre destranca ruas.

Fui puxado por um potente campo de força, uma atração de sucção arrebatadora. Encontrei-me num terreiro de Umbanda que estava atendendo uma consulente enfeitiçada e, todos de branco, cantavam ao som de tambores, enquanto o sacerdote estava à frente de um ponto riscado, explodia no éter a queima de pólvora. Acoplei-me na mulher que estava sendo atendida e tive a minha primeira incorporação numa médium. Meu perispírito voltou ao normal e a fraqueza foi embora.

Na contraparte astral daquela choupana umbandista e junto à médium que se vincularia na parte terrena, eu me fortaleceria e seria preparado para ser um Exu Morcego na Lei de Umbanda. Começava ali minha redenção.

Entrevista com Exu Morcego

A médium que estava sendo atendida se encontrava em severa obsessão enfeitiçante. O seu ex-pai de santo fizera contra ela toda sorte de feitiços, por não aceitar a sua ruptura com o mesmo. Esta filha não aceitava mais os sacrifícios animais. Demandava-a e os feitiços eram brabos e bem feitos. No momento que tivemos a primeira incorporação juntos, eu atraí toda a carga enfeitiçante que havia grudado em sua aura e a combalia mortalmente. Aliviei-a da nefasta vampirização que era vítima. Por outro lado, a vibração original do seu perispírito, eivado do magnetismo próprio do fluido animal do encarnado, restabeleceu o meu corpo astral e o mesmo voltou à higidez e forma natural, como se encarnado eu estivesse.

Por que Exu é o dono do poder?
O dono do poder total é Deus. Exu, enquanto apropria em seu poder de realização uma série de atributos divinos, partículas de empoderamento outorgadas pelo Criador, reúne em sua ação reorganizadora a possibilidade de intervenção, inclusive pelos Orixás, em todas as formas de vidas no Universo. No contexto do sacerdócio, ele é a comunicação e o mensageiro, o meio e a mensagem, o carteiro e carta. Sem a ação de Exu, não há comunicação, o envelope não chega ao destinatário e o remetente não obtém resposta. Logo,

toda a oferenda ficaria estagnada no mesmo lugar, não haveria movimento do duplo etéreo, não teríamos deslocamento.

Quais os vaticínios dos Orixás para a nossa vida?
A predição dos Orixás refere-se ao propósito de vida de cada ser humano. Relaciona-se individualmente e ao mesmo tempo no coletivo com todos: famílias, bairros, cidades, países. Enfim, interage em todo o planeta. Não entenda predição como sendo adivinhação. Os Orixás orientam e predizem, mas não dizem o que fazer. Eles não decidem pelas criaturas. As escolhas são de vocês.

Há um sentido transcendental em se viver num corpo físico e temos que descobrir qual nossa missão individual. Cada experiência traz profundos significados e mais profundos impactos no devir de cada espírito. Os vaticínios são diretrizes para que cada criatura seja bem-sucedida no seu microcosmo de ação. São dicas de viagem anotadas no mapa da vida, para o viajante não se perder.

Como uma folha cantada ganha poderes mágicos?
A intenção do sacerdote impregna o duplo etéreo da folha. A pimenta dispersa fluido enfermos se o desejo de quem canta é curar. Por outro lado, pode causar inflamações ulcerosas em tecidos orgânicos e agredir desencarnados. A finalidade litúrgica potencializa a indicação terapêutica ou dela serve-se de maneira independente, pois o que cura também mata, dependendo do desejo de quem canta o elemento e oficia o rito.

Por que Orunmilá é o olho que tudo vê?
Os atributos desse Orixá, o Senhor dos Destinos, são consequência da amplitude de visão de Deus, que tudo sabe. É o testemunho da criação. Conceba um filme numa dimensão superior, em que o eterno presente é a câmera divina e tudo no universo é captado ao mesmo tempo, não existindo passado nem futuro. Este é Orunmilá, o olho que tudo vê.

Já escutei dirigentes falando que tem que se fixar uma entidade da direita, para controlar Exu e tomar conta da cabeça. Um médium ser de Exu traz algum problema?

Se Exu fosse problema não seria partícipe da Gênese Divina. Exu está no em cima, no em baixo, na esquerda e na direita. Exu está em tudo e preenche casa coisa criada no Cosmo, no sentido que ele é o aglutinador atômico que permite a manifestação espiritual no campo das formas. Logo, se Deus é indiviso, Exu é o dividido e o complementa no Cosmo. O que define o tomar frente da cabeça de um médium é o seu caráter e o que ele pensa – não o Orixá ou qualquer outra divindade. Lembro minha história, eu era de Exu e não foi Exu que me derrubou. Ao contrário, fui salvo por ele.

Cada Orixá tem o seu Exu. Como assim?

Os atributos de cada Orixá completam-se com o grande comunicador e mensageiro cósmico, notadamente nos reinos da natureza manifestada que lhes são afins. Os Orixás do fogo, água, terra e ar, os Senhores Regentes dos Elementos, terão os seus entregadores especializados, fazendo a logística de seus axés – poderes de realização. Exu transita com desenvoltura em todo o Universo e no sitio vibratório de cada Orixá. Características próprias da magia do fogo, da água, da terra e do ar vão requerer uma ação específica de Exu, assim como os peixes não nadam na fogueira e a tora crepitante não se mantém acesa nos oceanos.

O que esquenta o chão do terreiro?

Abrir frente aos Orixás com excesso de oferendas. Para Exu, uma pimenta frita no azeite de dendê ou mil pimentas fritas em litros de azeite de dendê não o farão agir menos ou mais. O risco de esquentar o chão é haver escape de fluidos e entidades oportunistas se aproveitarem, instigando os assédios aos médiuns da corrente. Ainda poderão acontecer descompensações energéticas na egrégora, notadamente com impactos nefastos na sensibilidade de cada médium. O exagero nos elementos pode desestabilizar a vibração original do Eledá e desvirtuar a sintonia mediúnica e, inclusive, causar doenças.

Um médico ao tratar o paciente recomenda seguir rigorosamente a posologia prescrita. Uma aspirina a cada oito horas alivia a dor e acalma a febre. Dez aspirinas a cada quatro horas podem causar hemorragia e levar o paciente ao hospital. Com os elementos utilizados em frentes para os Orixás não acontece diferente.

No contexto de época de sua narrativa, era permitida, em casos específicos, a utilização do sangue, por meio de sacrifícios animais. E hoje, isso é necessário?

Para o Todo Penetrante, o que Tudo Sabe, Deus, o amor devocional é que capacita o devoto para estar n'Ele e Ele no devoto, independentemente do elemento ofertado. No modo de ignorância e paixão que muitos ainda exercitam a fé, os ritos sacrificiais os preenche de dependência psicológica do elemento, muito mais do que o genuíno sentimento devocional a Deus. Naturalmente, o avanço da compreensão das consciências de que não se precisa matar para estabelecermos uma ponte com o Divino, gradativamente vai liberando da muleta dos sacrifícios animais.

No momento atual, os Altos dignitários do Espaço que regem os movimentos ascensionais das criaturas humanas, livres de quaisquer peias religiosas, de dogmas, tabus e tradições paralisantes, responsáveis pela estruturação da Umbanda no Plano Astral, referendam a dispensa destes sacrifícios com oferta de sangue e orientam no exercício do amparo misericordioso a todos que os utilizam, tanto mais compaixão quanto mais para o mal dele se alimentam. Nós, os Exus Morcegos na Umbanda, dispensamos a oferta desse tipo de magnetismo e trabalhamos para retificar um grande contingente de consciências que, pelos uso do sangue ritual, abusou das Leis Organizadoras que o Orixá Exu é o Oficial de justiça e Oxalá o Juiz Supremo.

Não entendi a sua afirmação "as Grandes Mães, para corrigir e reequilibrar os homens que se afastam dos vaticínios dos Orixás, liberam as forças malévolas". Peço maiores elucidações. É possível?

A ação das Grandes Mães é a própria Lei de Ação e Reação em movimento. Entenda que as tradições são construídas no tempo certo para a compreensão das comunidades. Por vezes, o apelo severo e até punitivo, naquele momento histórico, foi necessário para educar os devotos. Os homens ao se afastarem dos seus propósitos de vida contrariam os vaticínios dos Orixás e negativam suas vibrações originais, enfraquecendo seus Eledás e consequentemente o Ori.

As Grandes Mães liberam a atuação dos espíritos malévolos não para prejudica-los, mas para reequilibra-los. Os afins que se atraem se curam. O confrangimento da ação persistente desses espíritos escoa a negatividade que o próprio indivíduo atraiu, forçando-o a pedir ajuda, a buscar auxílio espiritual e redimir-se de seus erros, enfim, a reavaliar suas atitudes e esforçar-se para melhorar sua afinidade vibratória e retomar o seu equilíbrio energético.

De que forma o retorno de Exu foi devastador para o senhor?

Ao persistir na opção de fazer feitiços, afastei-me de Exu e desorganizei meu propósito de vida. O retorno de Exu foi retificar isto. Para tanto, permitiu que eu colhesse os frutos da minha semeadura por trezentos anos, como ignóbil ser rastejante – vampiro – carregador de sangue. O que foi devastador para a minha vaidade e orgulho. Exu arruinou o meu ego, desmontou a penitenciária que eu mesmo criara e me prendera. Não deixou tijolo sobre tijolo da cela que habitava a minha teimosia e me libertou da escravidão. Na árvore que plantei em solo adubado, reguei e tornei frondosa, não ficou nenhum fruto. Tive que comer todos, os podres caídos no chão e os azedos presos nos galhos, retificando em meu ser, rigorosamente com justiça, tudo que fiz de ruim para os outros com a feitiçaria.

O que faz um feitiço ser potente?

A potência da carga energética do feitiço que é direcionada à vítima é tão mais potente quanto maior for a afinidade dela com o tipo de feitiço. A comida apimentada é dada para quem sofre de azia, compreendeu? As fraquezas morais, as falhas de caráter e as atitudes equivocadas da vítima do feitiço, que ignora as reações adversas dos seus atos diante à Lei Universal de Causa, são pré-requisitos que o feiticeiro mago diligente se utiliza para o feitiço pegar com potência devastadora. Os espíritos que lhe dão cobertura assim agem com maestria.

Todavia, no campo da química transcendental, os fluidos da carga enfeitiçante se potencializam mais ainda se encontrarem na vítima ressonância interna. No caso do feitiço que causa a pestilência o sujeito foi sifilítico; se produz câncer nos pulmões fumante inveterado; ulcerações intestinais encontram eco nos abusos alimentares e de bebidas... Todos esses registros vibram no perispírito e denotam resquícios de vidas passadas.

O que aconteceu com o espírito que o escravizou logo após o seu desencarne?

Em breve será o meu pai carnal. Explico-me. Eu o perdoei e assim perdoei os meus próprios erros. O ódio dele se esvaiu. Quando ele verificou a minha total ausência de vontade de revide. Como vocês dizem – não se chuta cachorro morto. O perdão me fez morrer para as ofensas e renascer para um novo patamar de relacionamentos com os nossos pares no universo. Pouco importava o que me fizesse, eu não me ofendia.

Por mais odiento que seja o seu obsessor, ele age na medida exata para robustecer a maestria interna de vencer a você mesmo. Não existe perdão da boca para fora se o seu algoz comprovar que ele é real. Diante este fato, toda mágoa e impulso de vingança do obsessor se esvaem, como pétalas jogadas na correnteza do rio. A ação obsessiva perde o sentido se a intenção de machucar não surte efeito no psiquismo da vítima. Este ferrenho obsessor já reencarnou. Os seus pais são um jovem casal de médiuns umbandistas. Visito-os regularmente e preparo-me, para um futuro próximo, eu mesmo reencarnar como seu filho.

Estamos todos nos ambientando. O ato de perdoar não desenvolveu em minhas entranhas psíquicas o amor por ele. Ao aceitar renascer como o seu filho, dou um passo ao encontro de aprender a amar, outro processo de retificação da minha velha alma.

Então, se não existe a intercessão de Exu (Orixá) os duplos das oferendas não saem do lugar. É por isso que tem tanto quiumba fazendo-se passar por Exu?

À noite no mato, melão pode ser confundido com melancia. A imperiosa necessidade de se movimentar no Plano Astral, os duplos etéricos dos elementos utilizados nas oferendas enfeitiçantes, exige o engajamento de espíritos que se fazer passar por Exu, o que de fato não são. Esses quiumbas são os mais inferiores, escravos que são usados como mulas para transportar os feitiços até os alvos. O aprisionamento às oferendas no campo da magia aviltante se perde no tempo. Quanto mais o espírito se beneficiou de feitiços, tanto mais é eletivo a vir a ser escravizado pelas falanges dos feiticeiros das sombras do mais baixo umbral.

O que houve após o seu encontro no terreiro umbandista? Como se preparou para vir a ser um Exu de Lei na legião do Senhor Morcego?

A médium que estava sendo atendida se encontrava em severa obsessão enfeitiçante. Seu ex-pai de santo fizera contra ela toda sorte de feitiços, por não aceitar a sua ruptura com o mesmo. Essa filha não admitia mais os sacrifícios animais. Demandava-a e os feitiços eram brabos e bem feitos. No momento que tivemos a primeira incorporação juntos, eu atraí toda a carga enfeitiçante que havia grudado em sua aura e a combalia mortalmente. Aliviei-a da nefasta vampirização que era vítima. Por outro lado, a vibração original do seu perispírito, eivado do magnetismo próprio do fluido animal do encarnado, restabeleceu o meu corpo astral e o mesmo voltou à higidez e forma natural, como se encarnado eu estivesse.

Cinco anos se passaram desde esse primeiro encontro. Minha filha se fortaleceu na seara de Umbanda e eu junto com ela. Juntos, muitos feitiços desmanchamos desde então, milhares de consulentes nos dois lados da vida libertamos das peias da subjugação vampirizadora. Fui preparado no tempo e no vento, na água e no fogo, na terra e no éter, pelo Senhor Exu Tiriri Rei das Sete Encruzilhadas, o Guardião responsável pela comunidade terreiro ao qual me vinculei.

Corro gira toda vez que a minha médium está no terreiro dando consulta com Pai Velho e Caboclo. Vou aonde tiver que ir, nada me prende, nada me impede, Sou Exu, faço e desfaço, na Lei de Umbanda.

Eu sou escora que não deixa feitiço pegar,

Eu sou o amparo, o amigo, irmão e compadre para qualquer desafio,

Enquanto minha médium caminhar na estrada da devoção, com ética e caráter na Lei de Umbanda, o seu costado estará quente, a madeira de sua construção não dará cupim.

Afinal, quais os seus vínculos com essa médium?

Ela tendo sido sagaz e terrível feiticeira no passado, encontro campo de ação retificadora para nós dois. Somos parecidos e antigos comparsas. Na união de propósitos e vínculos com esse terreiro, somos agentes da ação retificadora do Orixá Exu, tanto interiormente em nossas profundezas espirituais quanto externamente, servindo de agente retificador da Lei Divina.

Feitiço não lhe pega,
Mironga não lhe derruba,

Ebó não lhe quebra,
Enquanto estivermos no reto agir que mantém a organização cósmica,
Eu estarei no seu costado e o Orixá Exu comigo,
Um Exu Morcego, liberador de vampiros.
Não vou só.
Seu Tiriri, Capa Preta e Meia-Noite vão comigo.
Levamos o alívio para quem merece dó.

É meia noite em ponto e o galo cantou
É meia noite em ponto e o galo cantou
Cantou pra anunciar que Tiriri chegou
Cantou pra anunciar que Tiriri chegou

É meia noite em ponto e o galo cantou
É meia noite em ponto e o galo cantou
Cantou pra anunciar que Capa Preta chegou
Cantou pra anunciar que Capa Preta chegou

Conclusão

Esta obra não almeja esgotar o assunto, até porque Exu é inesgotável e infinitas são as possibilidades de interpretações. Todavia, para o buscador sequioso de aprofundamento, indico o livro primeiro desta saga: **Exu - O Poder Organizador do Caos**.

Precisamos entender que durante o processo de inserção ocorrido na diáspora africana (nagô) no Brasil, o papel fundamental de ordenador de todo o sistema cósmico de Exu se transformou, no imaginário popular, em uma figura satânica. É o único do panteão de divindades (Orixás) que não foi sincretizado com nenhum santo do catolicismo, numa intencional demonização conduzida pela religião oficial dominante na época e não pelos africanos, ao contrário do senso comum que se estabeleceu. Analisa com profundidade Exu no contexto do esoterismo de Umbanda. Assim, questões instigantes são elucidadas. Afinal, o que é Exu? O que faz e quem são os espíritos que atuam como seus enviados? Como Exu age na coroa mediúnica (eledá) dos médiuns umbandistas, sendo ele o executor do destino, o princípio da individualização e da existência individualizada? Quem são as pomba-giras e qual o impacto em nosso psiquismo do preconceito com o sagrado feminino? Por meio de um relato de caso real, o trabalho dos Exus guardiões como neutralizadores das ações do baixo umbral e das zonas abissais do orbe é detalhado, trazendo a lume à legião de Exus "caveira", fiel guardiã da Lei Divina, neste intrincado momento de transição planetária.

Cabe refletirmos sobre os ensinamentos dos relatos dos espíritos guardiões Calunguinha, João Caveira, Pedra Negra e Morcego, trazidos a lume neste livro. O quanto podemos nos transformar, aqui e agora, para que efetivamente executemos o propósito para qual cada um de nós reencarnou?

E que tenhamos sempre a ação retificadora do Orixá Exu em nós, independente de onde estivermos. Em verdade, enquanto expansão de Deus e Orixá partícipe da gênese divina, Ele em tudo está, sempre organizando, comunicando, retificando, levando e trazendo, abrindo e fechando os caminhos.

Laroiê!

LEIA TAMBÉM

Exu - O Poder Organizador do Caos
16x23cm / 168 págs. / ISBN: 978-85-5527-023-9

A BesouroBox traz para você mais um lançamento da série Legião: Exu - O poder organizador do caos. Durante o processo de inserção ocorrido na diáspora africana (nagô) no Brasil, o papel fundamental de ordenador de todo o sistema cósmico de Exu se transformou, no imaginário popular, em algo satânico. Ele é o único do panteão de Orixás que não foi sincretizado com nenhum santo do catolicismo, numa intencional demonização conduzida pela religião oficial dominante na época, e não pelos africanos, ao contrário do senso comum que se estabeleceu. Afinal, quem é Exu? No livro, Norberto Peixoto analisa com profundidade todo o universo de Exu no contexto da Umbanda e, além disso, traz um guia de estudos para que possamos compreender melhor nossos caminhos evolutivos, superando em nós a cruz e as encruzilhadas da existência humana, necessárias à inexorável expansão da consciência como espíritos imortais.

www.legiaopublicacoes.com.br